「真のネット選挙」が国家洗脳を解く！

苫米地英人

CYZO

まえがき

２０１２年12月の衆議院議員選挙で、自由民主党（自民党）が圧勝しました。私は、この衆議院議員選挙に、北海道４区と比例代表北海道ブロックで「新党大地」から立候補していました。

私が立候補を決意したのは、今の日本を何とかしたいというやむにやまれぬ気持ちからでした。景気低迷下での消費税の増税、アメリカを喜ばせるだけのＴＰＰへの参加など、日本国民のためにならない政策が次々と推し進められようとしていた時期で、こうしたごく一部の人たちだけが得をするような政治に、微力ながらも一石を投じたいと思ったのです。

残念ながら、力及ばず落選となりましたが、衆議院議員候補として立候補するという人生初の体験は、私にとってとても大きなものとなり、これまで知識としては知っていたことを実体験を通じて感じられるようになりました。そういう意味で、とても貴重な経験をさせてもらえたことに感謝しています。

本書では、私自身が体験した選挙というものの裏側を紹介するとともに、本来、民主主義の根幹であるはずの選挙がいかに機能していないか、そして、政治というものを、いや日本という国をどのような方向に進めていけばいいのかということについて述べていこうと思っています。

さて、言うまでもありませんが、国会議員とは国民の代表です。

地元の代表という側面もありますが、当選して国会議員になった瞬間に、日本国民全体を代表する存在となります。少なくとも、選挙区全体の代表であることに異論の余地はありません。

ところが、現実はどうでしょうか。

詳しい話は本書の中で存分に語ろうと思っていますが、残念なことに、国会議員の多くがほんのごく一部の人の代表者となってしまっています。

また、国家には権力というものが発生します。この権力を国民が等しく持つ政治のシステムとして民主主義が生まれ、戦後の日本では国民主権という考え方として広く浸透していくはずでした。

ところが、これも現実を見るとそうはなっていません。

すべての日本国民に偏《かたよ》りなく、平等なはずの権力が、ごく一部の人のものになってしまっているのです。

これは大問題です。民主主義の大原則が破られているということはもちろん、日本という国がごく一部の人によって、その人たちの利益のために、いいように動かされているということだからです。

はたしてそれでいいのでしょうか。私はよくないと思います。

日本は日本国民一人一人のものであって、ごく一部の権力者、あるいは権力を自由に操れる人たちのものではありません。

本書では、実際の日本の選挙の裏側を暴くとともに、日本を国民の手に取り戻すための方法論を述べていきたいと思っています。そして、本書を読み終えた読者が日本を取り戻すためにとるべき行動についても具体的に書いていきたいと思います。

私が見た、選挙という民主主義の根幹の現状を通して、あなた自身がとるべき行動が見え、そして何らかの具体的な行動につながったとき、本書の使命が果たされたことになることでしょう。あなたにも、ぜひ、日本を取り戻すための力になってほしいと思います。

2013年5月

苫米地英人

CONTENTS

「真のネット選挙」が国家洗脳を解く!

Section 1 立候補してみてわかった前近代的な選挙の実態

CONTENTS

Section 2

国会議員には「資格試験」を課すべきだ

Section 3

苫米地流「通貨発行権つきの道州制」プラン

CONTENTS

Section 5

アベノミクスとＴＰＰ参加後の世界はこうなる！

Section 1

立候補してみてわかった前近代的な選挙の実態

選挙違反が堂々と行われている

私からのさまざまな提案を述べる前に、まずは私が経験した「選挙」の実情についで述べてみたいと思います。

私が最初に驚いたのは、私の選挙事務所に「選挙の玄人《くろうと》」を自称する人がやってきたことです。彼いわく、**「1000票まとめられるから、100万円くれ」**。

当然のことながら、丁重にお引き取りを願いました。

彼が本当に1000票まとめられるかどうかは知りません。ですが、選挙違反を堂々と、何のためらいもなくやろうとする人がいるというのが驚きでした。

彼はおそらく、これまで選挙があるたびに選挙事務所を回って、1000票を100万円で買ってくれるところを探してきたのでしょう。しかし、こういうのは選挙の玄人でも何でもなく、単なる選挙違反をしている犯罪者です。

もっとも、こうした非常にわかりやすい選挙違反者は簡単にお引き取り願えるので、まだましです。本人たちは「選挙違反」という意識がないままに、選挙違反をやってしまうような仕組みががちがちにできあがっているという大問題があるのです。

私は、新党大地から北海道4区で立候補しました。祖父が北海道を選挙区とする衆議院議員をしていましたが、祖父の選挙区とは地域が違いますし、時代も変わっているので、多くの2世議員が受けているような直接的な恩恵はほとんどなかったと考えています。実際、当選しなかったことを考えると、祖父の恩恵はまったくなかったと言っていいかもしれません。

政治家としての知名度がほとんどない中、選挙公示前にどれだけ私のことを知ってもらえるかはとても大事なことでした。訴えたい政策は山のようにありましたが、まずは私という人物を知ってもらえなければ、政策以前に、話そのものを聞いてもらえないでしょう。

ですから、選挙公示前にいろいろなところにお願いして、ポスターを貼らせてもらうことにしました。もっとも、事前のポスター貼りはどの候補者さんもやっていることです。ただ、政治家としての知名度が低い私にとっては、特に大切なことだと考えていました。

これは、選挙管理委員会が用意する、マス目のように並んだポスター掲示板に候補者たちが貼り付けるポスターとは別です。あれを貼る前に、個人宅の塀などに貼るポスターです。ちなみに、これらは公示されたらはがさなければなりません（多くの人がはがしていないようですが、はがさないと選挙違反になります）。

私は地元のある知り合いにお願いしました。その人は自分の家の塀に私のポスターを貼ることを快諾してくださいました。

ところがです。数日後、彼は私のところにやってきてこう言ったのです。

「地元の有力者に、『君は苫米地のポスターなど貼っていて、商売は大丈夫なのか』と怒られてしまいました。彼には逆らえません。申し訳ありませんが、苫米地先生のポスターを別の党の候補のポスターに替えさせていただきました」

個人の信条に基づいて貼ったポスターを「こっちに替えろ」などと言う権利が誰にあるのでしょうか。この知り合いは、もちろんどこの党員でも何でもありません。どの政党の誰を支持しようと、彼の自由なはずです。いや、自由でなければいけません。

強制的に私のポスターをはがさせたのだとすれば、選挙違反なのはもちろん、脅迫行為も成立するかもしれません。少なくとも、私のポスターを貼ってくれた彼の基本的人権を侵害していることは間違いありません。

それだけではありません。

掲示板の公選ポスターが、私のものだけはがされた場所が複数箇所ありました。

誰かがはがしたのだとしたら、明らかに違法行為です。

「あれ？　この前ここに、ポスター貼ったよね」と何度もスタッフと話をすることがありました。私のポスターをはがす、はがし屋さんがいるとしか考えられません。

あなたは「北海道4区とはそんなひどいところなのか」と思ったかもしれません。ですが、これは北海道4区に限ったことではなく、全国至る所で行われていることなのです。

もちろん、全国の選挙区すべてを見て回ったわけではないのですが、私がこの話をすると至る所で「うちも同じだ」と言われます。ということは、程度の差こそれあれ、どの選挙区でも同様のことが行われていると考えられるわけです。

自民党支持者が自民党候補のポスターを貼ったり、民主党支持者が民主党候補のポスターを貼るのは、かまわないのです。彼らは全国に組織を持っていて、号令をかければ、みなボランティアで、言う通りに動きます。それだけうま味があるということなのでしょうが、自分の信念に従ってある政党を支持し、ボランティアで活動を支援するのは当然の権利です。

でも、自分の信念と合わない人を脅して、その人の信念を替えさせるというのは民主主義国家において、やってはいけないことです。

選挙違反の実例はまだあります。

これは、選挙当日、ある選挙区の投票所での出来事です。投票所には必ず、立《たち》会人《あいにん》（投票立会人）と呼ばれる人がいます。2名から5名、置かなければならず、その役割は投票に不正がないかどうかを監視するというものです。

人選は市町村の選挙管理委員会が行いますが、市町村から地元の自治会に要請が来て、自治会が人を派遣するというパターンが多いようです。毎回、同じ人がなる地域もあるようですが、それでも基本的には中立の立場の人がなっているはずです。

　この立会人は、たいていは、端の方で椅子に座って監視しています。ところが、ある投票所では、投票箱の近くに立ってうろうろしている人がいたそうです。

　立会人は、みな端の方で椅子に座っているので、この人は立会人ではないようでした。明らかに怪しいのですが、誰も注意する素振りも見せませんでした。立会人も何も言いません。

　さすがに、投票用紙に書き込むところを覗き込んだりはしませんでしたが、一人一人の顔を確認して、投票箱に投票用紙をきちんと入れたかどうかを見ていました。その人は朝早くから、投票締め切り時刻まで、投票箱の周りをうろうろし続けました。

　これを目撃した私の知人は、どう見ても怪しいので、あとで知り合いに聞いてみることにしました。

「投票箱の近くでずっとうろうろしていた、あの怪しい人はいったい何をしていたのですか」

「**ああ、あの人は某政党の支持組織の人で、組織の人がちゃんと自分たちの支持する政党に投票したかどうかをチェックしているのさ**」

　その話を知人から聞いた私は正直、絶句しました。

そんなことが、堂々とまかり通っているとは。ここは日本ではなく、自由が制限されているどこか別の国なのではないかと錯覚してしまうほどです。

そのうろうろしていた人が何票くらいの影響力を持っているのかはわかりませんが、「票を取りまとめる」ことができる人がいるというのは確実だとわかりました。

街頭演説のたびに現れて妨害する人がいた

選挙妨害、ネガティブキャンペーンは、ポスターをはがすというレベルにとどまりません。

私が街頭演説をしていると、酔っぱらっているのか、ちょっと頭が変なのか、私の演説に対して「まやかし！　まやかし！」などと叫びながら通り過ぎていく人がいました。

私も最初は「酔った人が何か言っているな」くらいで別に気にもせず、放っておいたのですが、その同じ人が、私が街頭演説をするたびに必ず現れて「まやかし！　まやかし！」と叫んで通り過ぎていくのです。

さすがにここまでくれば単なる酔っ払いでも、頭の変な人でもなく、**私の演説を意図的に妨害しているのだとわかりました。**同じ人が、私が場所を変えて街頭演説するたびに「まやかし！」と叫びながら通り過ぎていくなんて、偶然であるはずがありません。私が演説する場所と時間を何らかの方法で把握して、妨害しに来ているのです。

演説の時間と場所を把握するのは、それほど難しいことではありません。選挙事務所に電話をして、「苫米地氏の演説を聞きたいのだが、仕事の合間にしか行けない。ついては、いつどこでやるのか、詳しく知っておきたいので教えてほしい」などと言えば教えないわけにはいきません。

あるいは、マスコミが街頭演説の時間と場所を教えてほしいと電話してくることがありますが、電話なので、本当にマスコミの人なのか、妨害工作員なのかは区別がつきません。

もっとも私の秘書によれば、こうした妨害があるとわかってからは、あまり詳細には教えないようにしたとのことです。たとえマスコミだと名乗っても、きちんと確認できないような問い合わせについては「場所はだいたいこのあたりですが、変更もあり得ます。時間も多少前後することがよくあります」とお伝えするようにしたそうです。

裏側ではこのような政治と関係ない、どうでもいい駆け引きがたくさん行われているのです。

他陣営から看板業者に圧力がかかって妨害された

こんなこともありました。これは私の事務所関係者の話です。

私の選挙用の看板をある業者に発注したのですが、はじめは問題ないと言っていたにもかかわらず、なんやかんやと言っては納期が遅れ、しまいには必要な時期にとても間に合わないようなスケジュールを出してきたのです。

どうやら、他の陣営からその業者に何らかの圧力がかかるという妨害工作が入ったようでした。間に合わなくてはまずいので、仕方なくキャンセルして、別の業者に頼むことにしました。

ところが、ここでも同じようなことが起こったのです。最初は「大丈夫」と言っていたのに、なんやかんやと納期が遅れ、やはりどう見ても間に合わないスケジュールになりました。

仕方がないので、この業者もキャンセルして3社目でようやく看板を作ってもらうことができました。

国の行く末を決めるという選挙で、しかもこの21世紀の日本で、こうした非常に低レベルの選挙妨害がまかり通っていること自体、本当に嘆かわしいことだと思います。

そんなことをしている暇があったら、国民のためになるまともな政策を一つでも多く掲げて、それを実現するための行動を起こした方がどれほど票につながるかと思いますが、残念ながらそういう考えにならない人が多いというのが現実のようです。

「新党大地は何もくれないので、投票しません」

選挙で感じられたのは、候補者や選挙に関わる一部の人たちの次元の低さだけではありません。非常に残念なのですが、有権者の方の中にもとても意識の低い方々が少なからずいらっしゃいました。

政治というのは、候補者や選挙に関わる人たちがいかに間違ったことをしようとも、有権者が正しく審判を下せば、問題ありません。

しかし、有権者の方に問題があったとしたら、それはどうにもなりません。ですから、少なからずいらっしゃる意識の低い有権者の方々の実態を公《おおやけ》にし、少しでも高い意識で政治や選挙に関わってほしいという思いで、こうした本を書いているという意味合いもあります。

これも私の事務所関係者から、あとで聞いた話です。

選挙活動も終盤戦になってくると、有権者の方々も、支持不支持をはっきりと言うようになってきたそうです。それは当然のことなので、別に問題ではありません。有権者がどの候補を支持するかを、選挙の直前まで決めていないという方が不自然かもしれません。

ですが、問題はその決め方なのです。

ある有権者はこうおっしゃったそうです。

「新党大地さんは何もくれないので、投票しません」

その事務所関係者はびっくりしたそうです。なぜ、選挙違反をしていない私たちが非難され、何を配っているのかはわかりませんが、明らかな選挙違反をしている党に票が流れるのかということです。

この方は自分が「**おたくの党は選挙違反していないので、投票しません**」と**言っていることがわかっていないのです。**さらには、「他の党はみんな、選挙違反していますよ」とも言っているのですが、それもわかっていません。

選挙違反しない私がバカを見て、選挙違反する候補者が支持される。日本の方向性を決める大事な選挙がこんなことでいいはずがありません。

もちろん、こんな方ばかりだと言うつもりは毛頭ありません。しかし、残念なことに、こういう考えで選挙に臨《のぞ》まれる有権者が一人や二人ではないことも事実なのです。

公開討論会で圧勝したのに投票に結びつかなかった

有権者の意識の問題は、こんなところでも実感しました。

２０１２年12月10日、北海道４区の主な候補者が集まって、小樽市民センターで「第46回衆議院議員選挙　小選挙区　北海道４区の合同・個人演説会」が開かれました。地元の青年会議所が主催して、私と自民党、民主党、共産党の候補者が一堂に会して、有権者の前でさまざまな政策について討論するというものでした（このときの音声ファイルはグーグルなどで「苫米地英人　合同演説会」と検索すれば聞くことができます）。

先の衆議院議員選挙では争点となる政策課題がたくさんありましたが、特にTPP、増税などの問題は有権者の生活に直結するので、わかりやすかったと思います。

この公開討論会の場に出てみて驚いたのは、**私以外の候補者はTPPの条文を読んだことさえなかったことがわかったことです。**彼らはそれでよく「賛成」「反対」と言えたものだと思いましたが、案の定、その賛成／反対の理由というのもとんちんかんなものばかりでした。

もっとも、知識がないのですから、賛成／反対の理由がとんちんかんになるのは当然なのかもしれません。

私は自分の考えをまっすぐに述べ、他の候補者のおかしいところは容赦なく「おかしい」と述べました。もちろん、何がどうおかしいのか、なぜおかしいと言えるのかについて、論拠を示しながら徹底的に主張しました。

他の候補者もなんやかんやと反論らしきことをしてきましたが、知識と論理性に欠如する主張ばかりでしたので、何を言われても簡単に論破《ろんぱ》できてしまいました。

私に自身の主張の矛盾点を突かれたある候補者は、最後には半分泣き顔になっていましたが、おかしなことを言っている人を地元の代表者にしてしまっては、有権者にとってもよくないことなので、しっかりと彼らの矛盾点をあぶり出しました。

国民の生活に直結する大事な政策を、泣いてごまかそうとするなんてあり得ません。

私以外の候補者で最もまともなことを言っていたのは、意外なことに共産党の候補者だったのですが、残念ながらその主張には現実的な実行能力があるとは感じられませんでした。そこを突くと、黙ってしまいました。

つまり、自分で言うのもなんですが、政策の中身を討論するという点においては、この公開討論会で私は圧勝してしまったわけです。

実際、前述の事務所関係者に聞いたところ、討論会終了後に、主催した青年会議所の青年役員たちから「苫米地さんの言っていることはまったく正しかった。それに対して、他の候補が何も考えていないことがよくわかった」と言われたそうです。

正直、この討論会で述べた政策論議だけでいえば、私の当選は確実のはずでした。

でも、結果はまったく違ったものになりました。

「それは、苫米地さんが自分で他の候補を論破したと思っているだけで、聞きに来た聴衆はそうは思わなかったのではないか」

苫米地氏の個人演説会の様子（2012年12月収録、YouTubeより）

と思われる方がいるかもしれません。その可能性もあるかもしれないでしょう。

でも、少なくとも主催者の人たちの多くは、私の主張が他の候補を圧倒していたと言っていたのです。青年会議所の人たちは、政治討論会を主催するくらいですから、政治に関心の高い人たちと言えます。その人たちの評価と一般有権者の評価が大幅に乖離《かいり》しているとしたら、それこそ問題でしょう。

ただ、実際は評価が乖離していたわけではありませんでした。一般有権者の聴衆の方々も、私の主張が他の候補を圧倒していたという評価だったようです。数人にアンケート的に聞いてみた結果からもそれはわかりました。

では、**なぜ票に結びつかなかったかというと、多くの有権者が「苫米地さんの言っていることは正しい。でも、票は別の人に入れる」という考えだったからです。**

おかしいですよね。でも、それが現実だったのです。

普通に考えれば、自分が誰に投票するかを決めるために公開討論会を聞きに行くはずです。しかし、そうではないようでした。この公開討論会に参加する時点で、多くの有権者はすでに自分が入れる候補者を決定していたのかもしれません。

つまり、多くの参加者はすでに誰に投票するかは決まっていて、その人が討論会に出るというので、直接、その人の話を聞きに行こうという姿勢で来ていたのかもしれないのです。

もしそうなら、彼らは、好きな芸能人のコンサートに行くような感覚で、公開討論会の会場に来ていたわけです。そういう人たちが支持する候補者を私が完膚《かんぷ》なきまでに論破してしまったのですから、「私のひいきの候補者をいじめるなんて」という感情が湧き起こることはあっても、「苫米地の言っていることはもっともだから、苫米地に1票入れよう」ということにはならなかったのでしょう。

もしかすると、討論会の出席者はみな、大政党の息のかかった人たちばかりだった可能性もあります。一般の人に私の主張するような正しい政策を聞かせてしまうと私に票が流れる可能性があるので、組織票を入れることが確定している人で会場を埋めてしまおうとしたのかもしれません。

いずれにしても、結局は日本という国の行く末を考えるのではなく、「私に何をしてくれるのか」「私が得をする候補者は誰か」「あの人が『入れてくれ』という候補者は誰か」など、非常にレベルの低い判断基準で投票行動が行われてしまっているという現実があるという印象を受けました。

政策のみで当選者が決まるような社会になるよう、有権者の方々の意識も高まっていってほしいと願っています。

政策以外のことを問うてくるマスコミのアンケート

レベルの低さという意味では、有権者の意識を高める役割を担っているはずのマスコミも、非常にレベルが低かったと言わざるを得ません。

選挙に立候補すると、各マスコミからアンケート用紙が届きます。主に新聞社やテレビ局ですが、各社バラバラのアンケート用紙が届くため、似たような内容の質問（でも、まったく同じではない）への答えを何度も紙に書かなければなりませんでした。

各社で話し合って、ある程度のところまでは統一してくれれば、あんなに手間もかからなかったのにと思ってしまいます。

かといって、このアンケートをいい加減に書くわけにもいきません。新聞やテレビのアンケートを見て、投票行動を決める有権者も少なからずいるはずだからです。

きちんと書かないと「苫米地はアンケートにこんないい加減な答えを書くのか。有権者をバカにしているのか」と思われてしまうかもしれません。そんな意図はなくて、ただ2週間という短い選挙期間で、毎日、あまりに忙しいだけなのですが、読む人はそうは受け取ってはくれません。

間違いがあるといけないので、口頭での取材という形にできないという事情はわからないでもありませんし、各社で多少のオリジナリティというか、視点の違いがあるのも悪いことではないでしょう。でも、基本的な情報部分については、事前にマスコミ各社が話し合ってフォーマットを統一してくれてもいいのではないかと思いました。

百歩譲って、バラバラのアンケートもやむなしとしましょう。でも、その内容のレベルの低さには驚きました。

もちろん、政策についての質問もあります。でも、どう考えても、有権者の投票行動に影響を与えてはいけないと思われる情報も書かされました。

例えば、学歴。学歴で投票行動を決めるのはまずいでしょう。**家族構成を書く欄もほとんどのアンケートにありました。**私に子どもが何人いるかで投票行動が決まるのでしょうか。独身なら入れるけど、結婚しているなら入れない（もしくはその逆）なんてことがあってはいけません。国政選挙はアイドルの人気投票ではないのです。

国民は、候補者の政策だけで投票する人を選べるようにならなければなりません。でも、その前にマスコミがそのことをしっかりと認識する必要があると思います。

選挙違反すれすれの行為をしている人はこんなにたくさんいる

厳密には選挙違反とは言えないとしても、グレーゾーンとも言うべき行為をしている人はさらにたくさんいます。「票を取りまとめる」ことができる立場にいる人物が、その権利を最大限に行使してしまうと、選挙に対してある一定の影響力が出てきます。

例えば、**老人福祉施設などに入所している要介護者の票を、施設の代表者が取りまとめて代筆してしまうことがある**という話をよく聞きます。これも「本当にそんなことができるのか」と不思議に思うのですが、あちこちで聞く話なので、たぶんできてしまうのでしょう。

あるいは、よくある話として、会社単位で特定の候補者を支援するというパターンがあります。自分の会社の社長に「この候補者、よろしくね」などと言われて、「いいえ、私はその人は支持しません。別の人を支持します」ときっぱり言い切れる人がどのくらいいるでしょうか。

これは知人から聞いた話ですが、**あるパチンコ店は店舗単位で自民党の候補者を支持し、自民党候補のポスター貼りを店員全員で手伝った**のだそうです。

パチンコ業界と自民党というつながりは意外に感じる人もいるかもしれませんが、実はこれにはわかりやすい根拠があります。

自民党は「カジノ法案」を推進しようとしています。もし、カジノ法案が通れば、既存のギャンブル業界は大打撃を受けることになるでしょう。

パチンコ業界はそれを見越して、「カジノ法案はパチンコ業界に不利にならないような内容にしてほしい」あるいは「カジノ法案が通ったあかつきには、われわれパチンコ業界もそのカジノに参加できる形にしてほしい」と訴えるために、必死で自民党を支持しているのです。

「パチンコ業界もカジノ法案のおこぼれにあずかりたい。そのおこぼれをもらうためには自民党を支持するしかない」

こういう論理なわけです。

さて、パチンコ店の店員が、選挙ポスター貼りに駆り出されることは、選挙違反でしょうか。

厳密にいえば完全に選挙違反ですが、裁判になったときに有罪になるかという基準でいえば、ならない可能性が高いと思われます。そういう意味で、グレーゾーンなのです。

なぜ選挙違反で有罪にならない可能性が高いかというと、このパチンコ店の店員たちが「私は自主的に自民党候補を応援しており、有給休暇を取ってボランティアでポスターを貼りました」といえば、その主張を認めざるを得ないだろうと思うからです。支援者がボランティアで自主的に候補者のポスターを貼るのは、違反でも何でもありません。

社長がパワハラを用いて強制したという明らかな証拠があれば別でしょうが、

そういう話ではないでしょう。無言の圧力のはずです。社員もその後の給料や出世に影響するので、そんな証拠はあったとしても出てこないでしょう。

また、現実論でいえば、自民党、民主党といった大きな政党（私が立候補した当時は民主党も大政党でした）の場合は問題視されることはないでしょう。私が立候補した新党大地や、小沢一郎さんの生活の党（選挙時は日本未来の党）などで同じようなことをしたら、検察に絞り上げられて、無理やりにでも自白させられるかもしれませんが、それはまた別の問題です。

さて、このパチンコ店の例も特殊な話ではなく、さまざまなところで同様に行われていることです。地元に利権を引っ張ってくる議員がいて、その利権の恩恵にあずかることができる地場産業の人たちは、選挙のたびに必ずその人を支援します。

その議員が引退したとしても、党の地方支部が新しい人を連れてきて、また同じことを繰り返します。利権を貪《むさぼ》る地場産業の人たちがいて、その人たちは地元に利権を引っ張ってくる人を支持し続けます。これを「地盤」と言うわけです。

選挙には「ジバン（地盤）」「カンバン（看板）」「カバン（鞄）」の3つの「バン」（3バン）が必要（というか、これらがあると圧倒的に有利）だと言われていますが、「ジバン」とはまさに地場産業が恩恵にあずかる利権のことなのです。

ちなみに、2つ目の「カンバン」は「知名度」のこと。2世、3世議員は「知名度」が高いので圧倒的に有利です。3つ目の「カバン」とは「お金」のことです。お金を配って票を集めるような、あからさまな選挙違反という意味ではなく(そういうこともあるでしょうが)、知名度を上げるための広報活動(例えば、ポスターをたくさん刷って、たくさん貼るなど)にお金をかけることができるという意味です。

なお、「地盤」の問題についてはあとでもう少し詳しく述べることにしますが、誤解してほしくないのは、地元に利権を引っ張ってくること自体は悪いことではないという点です。

「うちの町の道路を整備してほしい」「ここに橋がないのはとても不便なので、橋をつけてほしい」「ここに鉄道を敷いて、駅を造ってほしい」……などなど、地元の人が暮らしやすくなるための予算を国からもらってくること自体は、何ら悪いことではないのです。

ただ、「利権を引っ張ってくることだけが得意な人」が外交など、高度な国政に関わるというのは、大いに問題だと考えています。

演説会にサクラを集めるのは選挙違反ではない？

　選挙公示後の選挙活動は、正式に届け出をした人以外にお金を支払って選挙活動のお手伝いをしてもらうことは法律で禁じられています。

「じゃあ、選挙カーのウグイス嬢もボランティアなの？」と言う人がいるかもしれませんが、ウグイス嬢は基本的に事前に届け出するので、お金は支払います。

　しかも、選挙活動にかけていい金額の上限も、法律で決められています。

「でも、政治家はみな『選挙にはお金がかかる』と言うではないか」と思う人も多いでしょう。政治家が言う「選挙にお金がかかる」というのは、いったいどこにかかるお金なのでしょうか。

　最も大きいのは、「供託金《きょうたくきん》」というものです。供託金というのは、立候補するためのお金です。立候補するだけでお金がかかるわけです。

　お金を払わないと立候補できないなんて、法の下の平等という観点からはどう

日本の公職選挙における供託金の仕組み

選挙の種類	供託金の金額	供託金没収点
衆議院小選挙区選出議員	300万円	有効投票総数の10分の1
参議院選挙区選出議員	300万円	有効投票総数をその選挙区の定数で割った8分の1
都道府県議会議員	60万円	有効投票総数をその選挙区の定数で割った10分の1
都道府県知事	300万円	有効投票総数の10分の1
指定都市の市議会議員	50万円	有効投票総数をその選挙区の定数で割った10分の1
指定都市の市長	240万円	有効投票総数の10分の1
指定都市以外の市議会議員	30万円	有効投票総数をその選挙区の定数で割った10分の1
指定都市以外の市長	100万円	有効投票総数の10分の1
町村長	50万円	有効投票総数の10分の1

※町村議会議員の選挙には供託金はありません。

（参考・延岡市ＨＰ）

考えてもおかしいと思いますが、「誰でも彼でも立候補してしまうと収拾がつかない」という理由でこの制度があるようです。

ちなみに、この供託金の金額ですが、衆議院の場合は300万円です。小選挙区と比例区の重複立候補をする場合は倍の600万円になります。

参院選（選挙区）の場合は300万円で、参院選（比例代表）の場合は名簿登載者数×600万円かかります。

ただし、この供託金というのは預かり金というか、保証金のような性格のものです。小選挙区でいえば、有効投票数の10分の1を超える票を獲得できれば返還されます（しかも、大政党の場合は、党が出してくれるケースもあります）。

小選挙区制も、供託金の高額化も、もともとは共産主義者を政治の世界から締め出そうという意図があったようですが、今の時代、共産主義者は脅威でも何でもないでしょうから、早々に改めて、多くの人が政治に参加できる制度に変えた方がいいでしょう。

アメリカやフランスなどでは供託金の代わりに、有権者の署名を一定数集めることで泡沫《ほうまつ》候補の絞り込みをしているようですが、日本でも参考になるやり方だと思います。

次にお金がかかるのは、選挙ポスター代だと言われています。現実的には、こっちの方がはるかにお金がかかると思われます。

ある国会議員に「参議院の比例代表選挙（事実上、全国区）では、だいたいどのくらいのお金が必要ですか」と尋ねてみたことがあります。答えは「だいたい1億円くらいでしょうか」とのことでした。

いったい、どこにそんなにお金がかかるのかと聞いてみると、「ポスターの印刷代と全国に貼る人件費」だと言います。

先ほど、「選挙活動はボランティア」という話をしました。ポスター貼りもボランティアではないのかと思うかもしれません。でも、ボランティアなのは、あくまでも「選挙期間」に限った話です。選挙期間（2週間）以外の期間は、別にアルバイト代を払ってもかまわないのです。

いくら支持政党だからといって、アルバイト代も払わずに、貴重な時間を割いてせっせと何百枚ものポスター貼りに勤《いそ》しんでくれる奇特な人はそうそうたくさんはいません。宗教団体を母体にした政党や、共産党のような団体にはいるかもしれませんが、基本的に「利権」が支持者の支持理由であるような政党の場合、報酬が発生しないのに仕事も休んでせっせとポスター貼りをするなんていう人はまずいません。先ほどのパチンコ店のような例もありますが、それでも全国に何万枚と貼るには人手が足りません。

ポスターというのは、基本的には選挙期間の前に、あらかじめ顔と名前を売るために貼るものです。先ほども述べましたが、選挙期間中は、決められた場所以外、ポスターを貼ってはいけません。貼ってあるものははがさなければいけないのです。

ですから、事前のポスター貼りにはアルバイト代を支払ってもいいのです。ここでお金がかかるというわけです。

ただ、これも事務所関係者から聞いた話ですが、もっとすごいお金の使い方をしている人もいるそうです。

候補者は選挙期間中にちょっとした会場を借りて、講演会を開くことがあります。「個人演説会」と呼ばれています。自分自身の政治的な考え方を、有権者の方々に直接聞いていただこうという趣旨で開かれるのですが、知名度の低い候補者だとなかなか人が集まらないことがあります。

公民館のような会場でも数百人、ちょっと大きな公会堂のようなところになると1000人、2000人というキャパシティがあります。そういう会場でやる場合、客席があまりにも閑散としていてはまずいのです。

候補者のモチベーションは一気に下がりますし、主催者、協力者は「候補者に恥をかかせてしまった」といろいろな人から責められてしまいます。

そこで導入されるのが、いわゆる「サクラ」というやつです。一般客ではなく、関係者が客の振りをして会場に足を運ぶわけです。

街頭演説の場合も同様です。「街頭演説に人を集めるのにすごくお金がかかった」とある候補者が言っていたのを耳にしたことがあります。

これらも、興味のない候補者の話を、わざわざ時間を割いて聞きに行くわけですから、無料で来てくれるという人は少ないでしょう。「**聞きに来てくれたら、1万円あげます**」**というようなことを言って、来てもらうわけです。**

完全に選挙違反です。でも、あちこちで堂々と行われているのが現実のようです。そうでなければ、特に有名でもない候補者の講演会や街頭演説に人が集まるはずがありません。

幸い、私の講演会には「サクラ」を導入する必要もないほど人が集まってくださったのですが、たいていの候補者は党首や大臣級の政治家が応援演説にでも駆けつけてくれない限り、人は集まりません。

でも、お金を払えば別です。

お金を支払う彼らの論理はこうです。

「講演会や街頭演説は選挙活動ではない。政治活動である。選挙活動では報酬を支払ってはいけないが、政治活動なら問題ない」

どういうことかと言いますと、報酬を支払ってはいけないのは「選挙活動」に関することに限られるので、それ以外のことに報酬が発生しても問題ないということのようです。それが「選挙活動ではなく、政治活動だ」という論理です。

「政治家がたまたま選挙期間中に通常の政治活動をしているだけなので、そこに動員する人に報酬が発生しても違法ではない」と主張しているようですが、はたしてこんな論理がまかり通っていいのでしょうか。

実は、前述の事務所関係者によれば、この「選挙活動と政治活動」という詭弁《きべん》は、いろいろなところで出てきたそうです。「選挙にお金がかかる」ということ自体が選挙違反だということに、多くの人に気づいてほしいものです。

決められた人以外がビラ配りをするという選挙違反が横行

もう少し、裏話的な話をしましょう。

北海道4区の他の候補者ですが、現金のバラマキ以外にも露骨な選挙違反がありました。ビラ配りです。選挙期間中、候補者のビラや名刺は選挙管理委員会が許可したもの以外を配ることができないのはもちろん、候補者本人と選挙運動員として認められた人以外が配ることも認められていません（本人の名刺が配れるのは当然ながら、本人だけです）。

それ以外の支持者が候補者のビラや名刺を配ることは、完全に選挙違反です。ところが、**このビラや名刺を本人や選挙運動員ではない人が配る行為が、特に選挙期間の後半になると、当たり前のように横行していたのです。**

ビラや名刺を配っているのが本人や選挙運動員かそうでない人かは、一目瞭然です（選挙運動員は腕章をつけていますので）。誰が見てもわかるのに、それでもやっていたのです。厚顔無恥《こうがんむち》としか言いようがありません。

実際、私の事務所関係者がビラを配っている人に「それは違反ですよ」と指摘したところ、相手は「手分けして配らないと、選挙期間中に全部配り切れない。選挙後半になれば、みんな当たり前にやっていることだ」と言い返されたそうです。

「みんな当たり前にやっている」と答えたということは、選挙違反であることを知ってやっているということです。知らずにやっていたのならまだわからないでもないですが、確信犯だとすれば問題です。しかも、臆することなく、堂々とやっているのですから、あきれ返るばかりです。

全部配り切れないのはそちらの勝手ですが、候補者と選挙運動員以外の人が配るという行為自体が選挙違反なわけですから、「みんなやっている」などという言い訳が通じるはずがありません。

「みんなやっている」という発言は、もしかすると「選挙管理委員会だって大目に見るはずだ」という意味なのかもしれませんが、もしそうだとすればさらに問題です。

まず、立候補する側が「選挙違反は当たり前」などという考え方を捨て、さらに有権者側が「選挙違反は許さない」という姿勢で選挙に臨まないと、不正をした候補者が有利という選挙になってしまいます。正直者がバカを見るような選挙で、自分たちの正しい代表が選ばれるはずはありませんし、そんなことをやっていては、住みよい日本になるはずがありません。

権力者となるかもしれない人には警察も手加減する

次はちょっと横道に逸《そ》れるかもしれませんが、「選挙カーは無敵」という話です。

立候補者は選挙カーに乗って、窓から手を振ったり、車を停めて選挙カーの上で演説をしたりします。

この選挙カーですが、選挙期間中はまさに無敵です。

何がどう無敵かと言いますと、例えば選挙カーが二車線道路の二つの車線をまたぐようにして、横に停まっていたとします。イメージできるでしょうか。通常、車が走る状態と比べて90度横向きになっていて、しかも二車線をまたいでいるわけです。

普通ではあり得ない状態です。危ないですし、車が来たら通れません。当然、道路交通法違反です。「でも、逮捕されない」とある人から言われました。「そんなバカな」と思いましたが、選挙カーとはそういうものなのだそうです。

どういう理屈かと言いますと、もし仮に私がそんな変な停め方をして（実際には絶対にしませんが）演説しているとき、警察が「道路交通法違反です」と言って私を咎《とが》めたら、「選挙妨害だ」と言い返せるというのです。

別に選挙妨害でも何でもなく、選挙カーの方が明らかに違反なわけですが、それでも「警察が私の選挙活動を妨害した」と言われかねないので、警察の方が遠慮するのだそうです。

もっとも、これは大政党に限った話かもしれません。私が立候補した新党大地では、あっさり捕まってしまうかもしれません。

要するに、権力者あるいは今後権力者となり得る人に対しては、警察さえも手加減するというわけです。

これもまたおかしな話です。

選挙カーの鉢合わせで人としての器がわかる

選挙カーの話をしましたので、選挙カーに乗っていたときのエピソードを一つご紹介しましょう。

他の候補者の選挙カーの走行ルートは、事前にわかっていることもありますが、まれに「ニアミス」をすることがあります。

お互いウグイス嬢が大きな声で名前を連呼していたり、本人が政策を訴えていたりするので、ニアミスしてしまうと名前も主張したい政策も相手の声でかき消されてしまう場合があります。

有権者のみなさんも、こうした選挙カーのニアミスの場面に出くわしたことがあるかもしれません。そういうときこそ、候補者の人としての器《うつわ》がわかったりするものです。

私もあるとき、選挙カーで政策を訴えていて、某党の候補者の選挙カーと鉢合わせしてしまったことがありました。向こうも本人が何かを訴えているようでした。

通常、選挙カー同士がニアミスしてしまった場合、相手候補をリスペクトしている候補者は「○○候補、ごくろうさまです」とか「○○候補も頑張ってください」というように、相手を労《ねぎら》ったり、称えたりするものです。スポーツの応援でいうところの「エールの交換」が行われるわけです。

そもそも、選挙カーを取り仕切っている人たちはだいたいみな、選挙のプロのようなもので、お互いよく知っています。前回は自民党の選挙カーを取り仕切っていた人が、今回は新党大地を取り仕切っているというケースもよくあります。だから、お互いにエールの交換をしたり、一方がそのときだけスピーカーのボリュームを絞るということをするわけです。

これは、有権者の側から見ていてもすがすがしいと思います。ですから、たいていの候補者はこのように「ごくろうさまです」とか「頑張ってください」というように、相手にエールを送ります。

私も当然、相手にエールを送りました。

ところが、器の小さい候補者の場合、候補者自身があえてこうした暗黙のルールを破るケースがあります。

このとき鉢合わせした候補は、私の選挙カーを見つけるやいなや、マイクのボリュームを上げたのか、自分の声のボリュームを上げたのかわかりませんが、それまで以上に大きな声を張り上げて、自分をアピールし始めたのです。

こういうところで、候補者の人としての器の大きさがわかります。

選挙も後半戦で余裕がなかったのかもしれませんが、国会議員になろうという人としては器が小さいのではないでしょうか。

一部の人たちの利益に奉仕するのは憲法違反

日本国憲法第十五条にはこうあります。


第十五条　公務員を選定し、及びこれを罷免することは、国民固有の権利である。

すべて公務員は、全体の奉仕者であつて、一部の奉仕者ではない。

公務員の選挙については、成年者による普通選挙を保障する。

すべて選挙における投票の秘密は、これを侵してはならない。選挙人は、その選択に関し公的にも私的にも責任を問はれない。


特にここで問題にしたいのは、2行目の「すべて公務員は、全体の奉仕者であつて、一部の奉仕者ではない」という条文です。

ちなみに、憲法第十五条にある「公務員」とは、「選定」とか「選挙」という言葉が使われていることから国会議員、および地方議会議員のことを指すものと考えられます。一説には、議員ではなく一般公務員を指しているとする考え方もあるようですが、少なくとも「公務員の選挙については、成年者による普通選挙を保障する」が指す「公務員」は、「議員」のことでなければ辻褄《つじつま》が合いません。

いずれにしても、議員も、一般公務員も、「全体の奉仕者であって、一部の奉仕者ではない」という点は間違いありません。

ところで、政治家は当たり前のように「地盤」とか「組織票」というものを大事にします。「支持母体」などという言葉を使うこともありますが、中身は同じです。

ある特定の候補者を、何らかの理由（たいていは、その集団や組織が何らかの形で得をするという理由）で支持する組織、集団があって、その構成員の人数によって当選が決まるという仕組みになっています。

地元に支持者がたくさんいる状態が「地盤」、支持者が組織化されていれば「組織票」になります。その組織が「支持母体」と呼ばれるわけです。

世の中、組織だらけです。職業に就くと、その職業の人たちが組織する団体があったりします。その団体の構成員は、自分自身の信条がどんなものであれ、団体の支持する候補者に投票するように促されます。その候補者が当選すれば、団体に何らかの利益をもたらしてくれるからです。

まず、ここに憲法違反があります。

「すべて公務員は、全体の奉仕者であって、一部の奉仕者ではない」はずですが、地盤とか組織票というのは、議員に対して確実に「一部（自分たち）の奉仕者」となることを期待しています。議員の方ももちろん、それを餌《えさ》に投票を促しているわけです。

地方の「地盤」などは本当に一握りの利権者（数軒の建設業者など）がまとめているのですが、まさにごく一部の奉仕者であることが期待されています。

先ほど述べたように、地域の代表者が国に掛け合って地元の利益になるように予算をもらってくること自体は悪いことではありません。地元の人々全体の利益になるからです。しかし、そうではなく、**組織票をくれたごく一部の人たちの利益に奉仕してしまうのは憲法違反**なのです。

政治家は一部の奉仕者であっては絶対にいけません。支持者のおかげで当選したとしても、当選したその瞬間から全体の奉仕者とならなければいけないのです。

それなのに、いまだに「地盤」などと言われているのは、地盤というあいまいな言葉自体もよくないのだと思います。ここは**はっきり「利権」と言い換えた方がいいでしょう。**「地盤」とはまさしく「利権」のことなのですから。

「地盤」とか「組織票」にはもう一つ問題があります。有権者側の問題です。

有権者一人一人が１００％自分の意思で投票行動を行ったにもかかわらず、たまたまある組織の構成員が全員同じ候補者に投票していたなどということはあり得ません。同じ組織の構成員が同じ候補者に投票したとすれば、間違いなく、組織を取りまとめている人物が構成員に対し、特定の候補者に投票するように依頼しているか、強要しているに決まっています。

先ほど述べたパチンコ店のように、裁判で有罪となるかどうかとは別の問題として、投票の強制が行われていることは厳然たる事実のようです。

これは完全に基本的人権の侵害です。ということは、基本的人権を保障している日本国憲法に違反しています。

権力を持っている人物が「この人に投票しろ」と誰かに言ったとすれば、完全に不正選挙です。民主主義国家における国民の権利の根幹とも言うべき「参政権」を事実上奪っています。本来、こんなことが許されていいはずがありません。

民主主義が未成熟な国家の選挙ではよく聞く話かもしれません。しかし、これは遠くの外国の話ではなく、この日本で堂々と行われていることなのです。

当選回数が多い議員は自分の地盤を「世襲」しているわけで、世襲議員と変わらない

国会議員のプロフィールを見ると、よく「当選回数○回」などと書いてあります。まるで当選回数が多いことを誇っているかのようです。

実際、大きな政党では当選回数の多さで党内の出世が決まるという実態があります。企業の年功序列と同じような論理で、単に当選回数を重ねていれば、国会内で何をやったかは関係なく出世してしまうし、当選回数が少なければ、どんなにすごい仕事を成し遂げても新人扱いになるのです。

新人扱いなら、まだいい方かもしれません。当選回数の少ない議員が目立つ仕事をしてしまうと、当選回数の多い長老連中から「あいつは生意気だ」などと睨《にら》まれてしまうこともあるようです。

当選回数に関する私の考えはまた別の章で詳しく述べますが、先ほどから見てきたような選挙の現状を鑑《かんが》みると、当選回数が多いということは、それだけで「一部の奉仕者」として頑張り続けてきた証しだと捉えていいと思います。つまり、組織票を上手に利用し、その組織に利益をもたらし続けた結果、さらに確固たる組織票を得続けてきた可能性が高い人ということになります。そんな人がまともなはずがないのではないでしょうか。

昨今は「二世議員」を締め出す動きが大政党内でも起こっています。議員の世襲を許さないという動きです。これはとてもいいことだと思います。

先ほど「地盤」について少し触れましたが、二世議員は親の「地盤」を継いで議員になるわけです。**親の地盤を引き継ぐ二世議員は、一般の人に比べて数万倍、人によっては10万倍以上、当選しやすいということが簡単な試算で割り出せます。**

これは財産や出自で差別されないとする法の下の平等に反します。なので、自分たちでそれを規制していこうというのが、二世議員の制限なわけです。

それ自体はいいのですが、実はここに見えていない盲点があります。「当選回数○回」とか「○期連続当選」という人は、実は親ではなく自分自身から「世襲」しているという意味で、「二世議員」と何ら変わらないということに多くの人が気づいていません。

世襲がなぜよくないのかというと、地元との癒着によって当選が決まってしまい、それを親子代々引き継ぐことによって、癒着の世襲化が行われてしまうからでしょう。

ならば、「本人が代々、癒着を引き継いでいくこと」もよくないはずです。「当選回数○回」とか「○期連続当選」などを自慢げに掲げている人は、それだけで「地元と癒着して、一部の人だけに利権をばらまいている人」とみなしていいのです。

やはり都市部を中心に回るべきだったかもしれない

私自身、今回の選挙に立候補してみて、選挙活動というものがいかに前近代的なままかということを嫌というほど思い知らされました。

もちろん、ボランティアでお世話になった大勢の方々には大変感謝していますが、当選できなかったという事実は、やはり選挙活動のやり方が何か間違っていたということなのだと思っています。

最も強く感じたジレンマは「票を取ることがゴールなのか、選挙活動をすることそのものがゴールなのか」というものでした。簡単に言いますと、人がたくさんいるところで効率的に政策を訴えるべきか、人がいようといまいと選挙区を隅々までくまなく回るべきかというジレンマです。

私は前者、すなわち人がたくさんいるところを効率的に回るべきだと主張しましたが、現地のスタッフは選挙区をくまなく回るべきだと主張しました。

私は、立候補の段階で、新党大地の手配する現地スタッフに基本的なことはすべてお任せすると言ってしまっていたので、結局は現地スタッフの言う通り、選挙区を隅々まで回ることになりました。

私が立候補した北海道4区について、少し具体的に説明しておきましょう。

北海道4区は、小樽市、札幌市手稲《ていね》区および後志《しりべし》総合振興局管内のいくつかの町村が合わさった選挙区です。最も人口が多いのは札幌市手稲区、続いて小樽市です。

当然ですが、残りの他の町村の人口はかなり少なくなっています。他の町村は面積も大きいですから、人口密度で考えたら、さらに大きな差があります。

しかも、私の認知度は本や雑誌を読んでくれる読者層に大きく偏っています。地元の人間でもなく、全国ネットのテレビに出ているわけでもない私を知ってもらう媒体は本や雑誌しかありませんでした。

本や雑誌を読んでくれている読者の割合も、当然のことながら都市部に集中しています。他の町村を回ったときに気づいたのですが、そもそも書店が見当たらないのです。

何人かに聞いてみたところ、本当に書店がないので、本を買うときは小樽や札

北海道選挙区の区割り（衆議院選挙）

（参考・毎日jp）

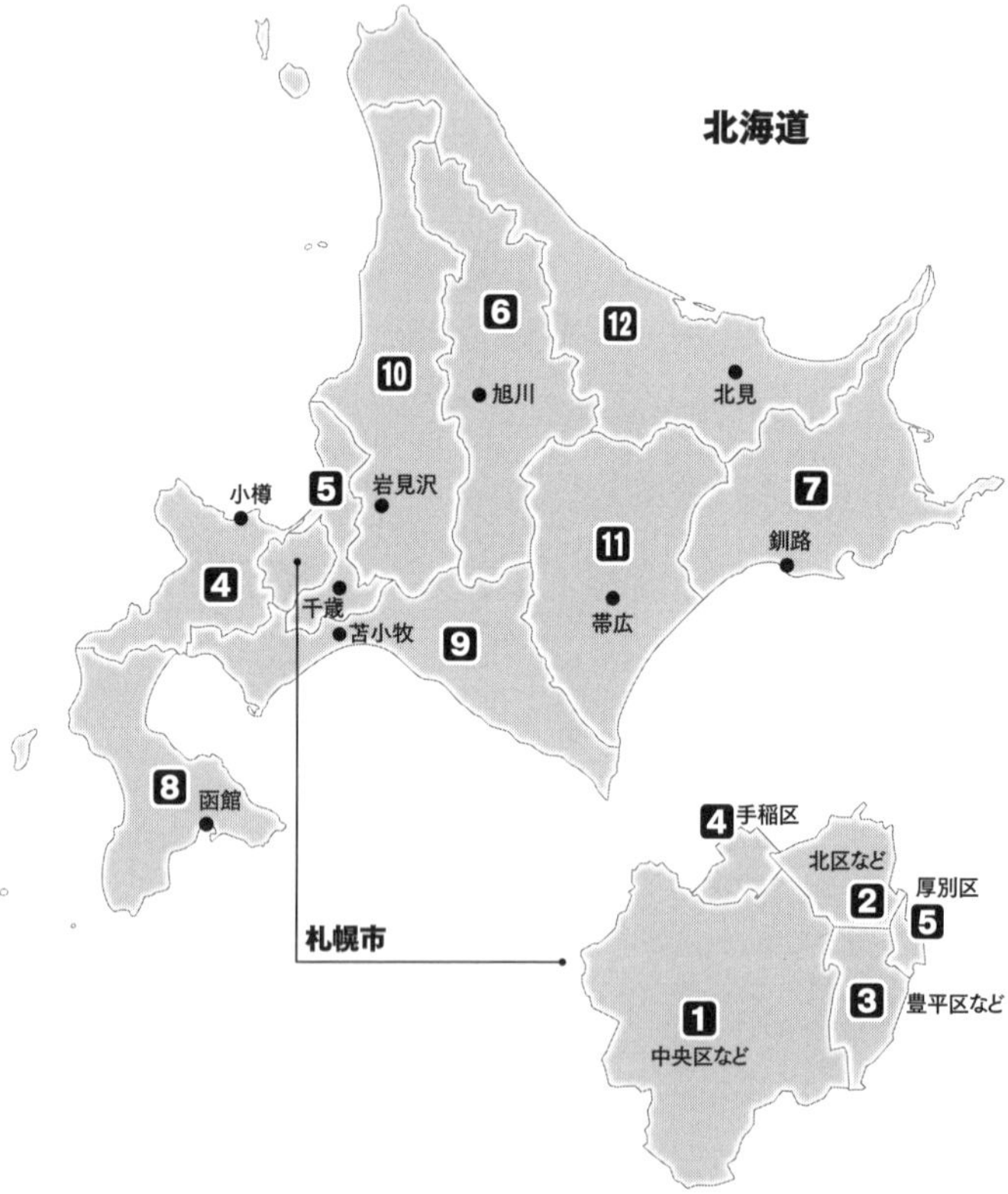

幌の書店まで行くのだそうです（私が聞いた人たちには通販という発想はないようでした）。

また、時間が限られているという問題もありました。私は2週間という短い期間で、有権者の方々に政策を理解してもらわなければならなかったのです。

そう考えると、札幌市手稲区、小樽市という都市部を中心に政策を訴えたり、講演会を開いたりする方が圧倒的に効率的です。他の町村は広くて遠いので、回るのに何日もかかってしまいます。そうなると移動に次ぐ移動です。

都市部で集中的に選挙活動をしていれば、少なくとも日にちをまたぐような移動はありませんから、時間を有効に使えます。移動に使っている時間で、都市部の有権者に訴えた方が断然有意義だったと思います。

「移動している時間だって、ウグイス嬢が名前を連呼しているではないか」と思った方もいるかもしれませんが、それは完全に都市部の発想です。日本海を臨む北海道の海岸線を移動しても、人など誰もいないのです。

数キロ走って、ようやく何軒かの集落があり、また数キロ先に集落があるというようなイメージです。そうなると移動中に名前など連呼しても何の意味もありません。吹雪の中をひたすら次の集落に向けて車を走らせるしかないのです。

私も私の秘書も、「都市部に集中しましょう」と提案しました。だからといって、町村部をないがしろにするということではありません。

選挙で当選することを目指してやる以上、当選するための最善の策は何かと考えて、それを実行するのが当然でしょう。ましてや私は地元で何の知名度もない人間です。一人でも多くの人に私の考えを知ってもらって、その上で判断してもらう必要がありました。

ですが、地元の責任者はこう言ったのです。

「全部の地区を回っていただくのが慣例なので、そうしていただかないと困ります」

しかし、こう言っては申し訳ありませんが、都市部と町村部とでは、人の数が3ケタ違います。数万人と数十人です。限られた時間でいかに多くの人に政策を聞いてもらうかを考えたら、あまりにも非効率的でした。

しかし、彼は「回ってもらわなければ困ります」の一点張りです。

「お任せする」と言った私は、お任せするしかなく、寒風吹きすさぶ日本海の海岸線を、誰もいない中、車を走らせるしかありませんでした。

もちろん、彼の考えもわからないことはありません。これまで選挙のたびにお世話になった人たちがいるのでしょう。その人たちのところに「今回の新党大地の候補者はこの人です」と直接あいさつしに行くことが、彼なりの礼儀なのでしょう。

全部の地区を回って、できるだけたくさんの有権者に会って、あいさつをし、握手を交わすという、昔ながらの方法に特に疑問を持たず、今回もそれを実施しようとしたのでしょう。

ただ、今回はたった2週間しかなかったのです。そこは臨機応変に私の判断に従ってほしかったところです。

また、彼、あるいは彼の協力者たちは、地方選挙を戦う感覚で国政選挙を戦ってしまったような気がしてなりません。

選挙区から一人しか当選者が出ない衆議院選挙の小選挙区に比べて、地方選挙の場合、選挙区から複数人の当選者が出ますから、得票数が少なくても当選できてしまいます。しかし、今回の選挙でいえば、当選した自民党の候補者は8万票弱を獲得しています。つまり、8万票取らないと勝てない選挙だったわけです。

少ない票数でも当選できる地方議会の選挙の戦い方、すなわち何人の有権者と握手をしたかで当選が決まるようなイメージの選挙戦略をとってしまったように思います。「1人×8万回の握手」で8万票を取るという戦略です。

でも、2週間でそれは不可能です。

やはり、少なくとも今回の私の選挙に限っていえば、「2000人×40回の呼びかけ」的な戦略をとるべきだったと思っています。

繰り返しますが、多分にお世話になったことに対しては深く感謝しています。

しかし、結果的に当選できなかったのですから、やはり戦略的に間違っていたと考えざるを得ません。

やはり自分の選挙なのですから、自分のやり方でやりたかったというのが率直な感想でした。

Section 2

国会議員には「資格試験」を課すべきだ

本当は直接民主制が理想的

この章では、国会および選挙制度について見ていきたいと思います。

そもそも「国会」とか「選挙」とは何なのでしょうか。これを考えるには、まず「民主主義」について考えなければならないでしょう。

「民主主義」とは英語の「democracy（デモクラシー）」の訳ですが、これは古代ギリシャの「デモクラティア」が語源とされています。

「デモクラティア」という言葉は、「民衆」という意味の「デモス」と「権力」という意味の「クラティア」という言葉が組み合わさってできています。直訳すれば、「民衆による権力」という意味になります。

これと対《つい》をなす概念が「王政」とか「君主制」といったもので、王や皇帝といった、ある特定の人に権力が集中している政治体制です。中間形態とも言える「貴族政治」もありますが、権力が特定の人に集中しているという意味では、「貴族政治」も「君主制」に近いと言えるでしょう。

「民主主義」とは民衆が権力を持つ政治形態と言えますが、民衆というのは大勢いますから、大勢の意思を政治に反映するというのは簡単なことではありません。みんながすべて同じ意見なら何も問題ありませんが、たいていの事柄に対して、賛成の人もいれば反対の人もいるでしょう。

そこで考え出された方法が「話し合い」と「多数決」です。

まずは、ある案件に関して賛成すべきか、反対すべきか、よく話し合いましょうということです。話し合うことで、「最初は反対だと思っていたけど、よく話し合ってみたら、賛成してもいいかなと思った」ということになるかもしれません。

ただし、いくら話し合っても意見が分かれることもあります。みんなの意見が一致するまで話し合っていたのでは、いつまで経っても、何も決まらないかもしれません。

そこで、しっかり話し合っても意見の一致が見られない場合には、「多数決」という手段を使って、数の多い方の意見を尊重しましょうというルールを作ったのです。

ここで重要なことは、いきなり多数決で決めるのではなく、まずは話し合いをして、それでも意見が一致しない場合に限って多数決で決めるということです。

さて、この民主主義ですが、古代ギリシャでは「直接民主制」といって、「自由市民」と呼ばれる人たち全員が広場に集まって議論し、多数決を取ってさまざまな政策を決めていました。奴隷や女性、他の都市国家から来た人などを除く市民が全員集まって話し合いをし、多数決に参加したわけです。

民主主義というのは民衆に権力があるわけですが、その民衆（自由市民）一人一人の権力の度合いは平等です。現代の株主総会のように、持ち株数に応じて投票数が割り当てられるといったようなことはありません。

当たり前ですが、この「直接民主制」には、一票の格差はまったくありません。ある意味、理想的な民主政治が行われていたと言えるかもしれません。

ところが、自由市民の人口が増えてくると、全員が広場に集まって話し合いをすることが難しくなってきました。ぎゅうぎゅうに詰め込んでも入り切らなくなりますし、誰かが話をしても、端の方の人には何を言っているのかまったく聞こえません。結局は、声の大きい人の意見しか通らないということにもなりかねません。

これでは、話し合いになりません。「じゃあ、多数決にしよう」と言っても、あまりに人が多すぎて、賛成、反対の数を数えるのにとんでもなく時間がかかってしまいます。

そこで、「話し合いや多数決は、自由市民の代表者だけでやった方が効率的ではないか」という提案がなされます。「代表者を選んで、その代表者に民衆の権力を委任して、話し合いと多数決をやってもらおう」という「間接民主制」が考案されたのです。

この「間接民主制」において、「権力を委任する代表者」を選ぶのが「選挙」です。つまり、**本来は全員で話し合いをすべきところだけれど、物理的に無理なので、権力を委任する代表者を決める手続きが選挙**なのです。

もともとは全員が同じ一票を持っていたわけですから、その平等な権力がどこかに偏ってしまったら、民主主義が正常に機能しなくなってしまいます。権力が偏らないというのが、民主主義の大原則なのです。

国会は「間接民主制」を実現する場所

では、古代から現代に戻って、「国会」とは何なのかという話をしましょう。これはいま述べた「直接民主制」と「間接民主制」という話と密接に関連します。

民主主義の世の中では、民衆、つまり一般の市民が主権者です。「一般の市民」と書きましたが、単位が国の場合は「国民」と言い換えてもいいでしょう。「国民が主権者」ということは、「国のあり方を最終的に決める権利があるのは「国民だ」ということです。でも、「国民」というのは大勢いて、各自さまざまな意見を持っています。

私もあなたもあの人も国民で、等しく「国のあり方を最終的に決める権利」を持っています。でも、いろいろな人の意見が違ったら、「最終的に決める」ことができません。

そこで、話し合いが持たれます。議会です。国なら国会です。

本来なら、主権者たる国民全員が一堂に会して、それぞれ意見を言い合って合意するというのが理想です。でも、現実的にはそんなことは不可能です。

全国民が一堂に会する会議場なんてありませんし、全国民が一人ずつ意見を言っていたら、いつまで経っても議論が終わりません。

昔の都市国家では可能でしたが、それは人数が少なかったからです。みんなで話し合って、それでも合意が得られない場合は多数決で決めました。

先ほど少し触れたように、「民主主義＝多数決」と思っている人が多いかもしれませんが、多数決は民主主義の本質ではありません。民主主義の本質は話し合いです。ある議案について、採用するべきか否か、話し合ってお互いの合意の上で決めるのです。

でも、いくら話し合っても決まらないこともあります。その場合、仕方がないので多数決で決めるのです。「多数決の論理」などと言うことがありますが、本来、多数決というのは話し合いで合意できなかったときの「窮余《きゅうよ》の策」なのです。

話を議会に戻しましょう。

昔の都市国家のように、国民全員が話し合って政治を決める仕組みが「直接民主制」でした。でも、現代では事実上、無理なので、仕方なく主権者たる国民の「代表者」を決めて、その代表者に国民の権利を委任するという方法をとるようになりました。

この「代表者」が、国の場合は国会議員です。この「代表者」に政治の決定権を委任するシステムを「間接民主制」と呼ぶわけです。

こうした「間接民主制」は至る所で行われています。物理的には直接民主制ができそうな「町内会」のような組織でも、必ず幹事とか役員がいて、一般の住民はたいていその人たちに「最終的な決定権」を委任して決めてもらっています。

でも、本来は幹事や役員であろうと、それ以外の一般の住民であろうと、町内会の中での権利の重さは一緒です。ただ、権利を委任しているだけなのです。

同様に、国会議員でも一般市民でも、もともとの権利の重さは一緒です。ここを間違えてはいけません。

さて、直接民主制が物理的に困難な現代では、間接民主制がとられ、国政においては国会という議論の場が設けられています。現実的に機能しているかどうかは別として、私たち国民が決定権を委任した人たちが議論に議論を重ねて合意しようとする場が国会です。

どうしても合意に至らないときに限り、多数決で決めることになります。

天皇のお言葉が参議院の議場で述べられる理由

この国会ですが、日本では「二院制」といって、二つの「院」があります。現在の日本では、「衆議院」と「参議院」の二つです。

ところで、なぜ日本の国会は二院制になっているのでしょうか。

「審議に慎重を期すため」というのが教科書的な答えでしょうか。まあ、間違いではありませんが、この答えはどちらかといえば「後付け」です。

正しくは、「日本の帝国議会がイギリスの議会を模倣《もほう》して作られたから」です。イギリスの議会も二院制でした。

なぜ、イギリスが二院制だったかというと、「貴族」と「平民」の両方の代表の意見を汲み上げる必要があったからです。だから、イギリス議会には「貴族院（上院）」と「庶民院（下院）」があります。アメリカ議会も上院と下院がありますが、これもイギリス議会に倣《なら》ったものです。

日本の帝国議会はもともとイギリスと同様に、「貴族院」と「衆議院」の二院制でした。貴族の意見を代表するのが貴族院、平民の意見を代表するのが衆議院です。

戦後、日本では貴族制度が廃止されたため、貴族院は参議院と名称を改めましたが、歴史的な経緯から貴族院的な名残をとどめています。

例えば、国会の開会式には天皇がお言葉を述べますが、それは参議院の議場で行われます。参議院議長席の後ろに玉座《ぎょくざ》があって、そこで開会のお言葉を発するのです。これは完全に、貴族院の名残です。

憲法上、「衆議院の優越」が認められており、予算の先議権、内閣不信任決議などなど、衆議院の方が参議院よりも大きな権限が認められています。なので、

現在では「参議院不要論」まで飛び出すほど、参議院の存在意義が問われていま
す。

しかし、参議院はもともとは「貴族院」という、衆議院よりもむしろ上位にある院だったのです。

この二院制をどうするかについては、あとで詳しく述べていきますが、まずは日本の国会がどのような歴史的経緯を辿って現在に至っているのかについて、簡単に見ておきたいと思います。

選挙権は先人たちが命を懸けて為政者から勝ち取った権利

話は明治時代へと飛びます。

日本の国会の歴史は、１８９０年の第一回帝国議会から始まります。

明治維新後、薩摩藩、長州藩など一部の権力者たちによる専制政治に対して、板垣退助らは1874年に「民撰《みんせん》議院設立建白書」を政府に提出しました。これをきっかけとして「自由民権運動」が起こり、同様の建白書が次々と出されることになります。

ちなみに、板垣らはこのとき、「愛国公党《こうとう》」という政党を結成していますが、これは現在にもつながる政党政治のスタートと言えます。

対する政府の側も、外国との不平等条約の解消などの問題で、欧米各国と対等の国の形を作る必要がありました。それには、憲法と議会は不可欠でした。また、激しさを増す自由民権運動を何とか鎮《しず》めなければならない状況にもありました。

そこで、政府は1881年に「国会開設の詔《みことのり》」を出しました（詔を出したのはもちろん天皇ですが、事実上、政府が出しました）。

ここで1890年に国会を開設するという約束をしてしまったわけで、それまでには憲法も作っておかないといけないという状態になりました。その大日本帝国憲法は1889年に出され、翌年には帝国議会が開かれることになりました。

その帝国議会ですが、先ほど述べたように貴族院と衆議院の二院制をとりました。

このうち、貴族院は民選ではありません。一部の人の中から選ばれた人からなる議院です。国民による選挙で選ばれるのは衆議院議員だけでした。

ちなみに、この当時からの名残で、衆議院議員のことを今でも「代議士」と呼びますね。国民に代わって議会に参加する人というような意味です。

参議院も現在では民選で、衆議院と変わりませんが、参議院議員は今でも「代議士」とは呼ばれません。

国民代表の衆議院ですが、帝国議会開会当時は、国民全体を代表しているとはとても言えないものでした。なぜかというと、選挙権を持てるのが「直接国税を15円以上払っている25歳以上の男子」とされたからです。この条件を満たしたのは、国民全体の１％程度でした。

今の感覚からすれば、これではとても国民を代表しているとは言えません。お金持ちの代表ではあるかもしれませんが、全国民の代表ではないでしょう。

やがて、徐々にではありますが、この税金の金額が下げられていきます。具体的には、１９００年には10円以上、１９１９年には3円以上、１９２８年には「普通選挙法」が施行されて税金による制限がなくなり、25歳以上の男性全員に選挙権が与えられました。

気をつけたいのは、「普通選挙」と言いながら、選挙権が与えられたのは男性だけだった点です。女性に選挙権が与えられるのは、戦後１９４６年の選挙まで待たなければなりませんでした。

これは選挙権、つまり投票する権利のある人の話ですが、これに対して被選挙権、つまり立候補する権利の方は、１８９０年の帝国議会開会当時は直接国税15円以上という制限があったものの、１９００年にはこの制限が撤廃されて、30歳以上の日本国籍の男性なら誰でも立候補できるようになりました。ただし、こちらも女性は除外されています。

世界の歴史から見ても、選挙権を獲得するために多くの人が努力し、時には命を落とし、為政者からようやく勝ち取ることができました。

もちろん、日本でも、最初は国民の１％しか選挙権を持てませんでした。しかし、男性だけとはいえ、やがてすべての男性が獲得でき、戦後は女性にもその権利が与えられることになります。その長い道のりには、多くの先人たちの苦労と努力があったことを忘れてはいけないでしょう。

先人たちが命を懸けて為政者から勝ち取った権利を踏みにじるような不正の横行する選挙が、この21世紀の時代に行われているというのは、非常に残念でなりません。

「国会議員立候補資格試験」を新設すべきだ

日本国憲法第四十一条には「国会は、国権の最高機関であつて、国の唯一の立法機関である」と書かれています。

国家権力に司法、立法、行政という三権があるというのは、小学校でも習ったことだと思います。司法は裁判所、立法は国会、行政は政府（内閣と省庁）です。「国会は、国権の最高機関」というのは、裁判所や政府よりも国会の決定の方がより国民の意思が反映されているので尊重されるべきだという意味ですが、だからといって、裁判所や政府が国会のあらゆる決定に従わなければならないとか、国会に何らかの優越権があるという意味ではありません。

裁判所には違憲立法審査権がありますし、政府（内閣総理大臣）には衆議院に対する解散権がありますから、何でもかんでも国会が最高機関だということではないのです。

とはいえ、国民がそのメンバーを直接選ぶことができるのは、国会だけです。裁判官も大臣も官僚も、国民が選ぶことはできません。

やはり、国会は国民に最も近い存在であり、国民の意思が最も反映された機関であるはずです。

ところが、ここまで何度も書いてきたように、現実はそうなっていません。国民の中のほんの一握りの人（利権者と密接な関係にある人や組織）の意見は大いに反映されていますが、それが国民の総意かといえば「ノー」でしょう。

もう一つ問題なのは、国会議員に法律の「ほ」の字も知らない人たちがたくさんいるということです。

国会とは立法府、すなわち法律を作る機関です。それなのに、そこのメンバーである国会議員が法律について何も知らないというのは、大変問題だと思います。

よく考えてみてください。裁判官になるには司法試験に合格しなければなりません。省庁の事務次官なども国家公務員試験を受けて合格した人しかなれません。

ところが、国会議員には試験はありません。選挙で当選すれば、誰でもなれてしまいます。

「それが民主主義だろう」と言われればそれまでですが、**仮にも立法府という法律を作る（法案を成立させるか否かを判断する）機関の人たちが法律のことを何も知らなくていいのでしょうか。**

しかも、国会は国権の最高機関です。その最高機関のメンバーが、何の知識もないというのは、まさに衆愚《しゅうぐ》政治に陥る道ではないでしょうか。実際、「テレビに出ていた」というだけの理由で、政治の知識が何もない人が大勢国会議員になっているという現状があります。

私は「国会議員立候補資格試験」を新設して、この資格試験にパスした人しか国会議員に立候補できないようにすべきだと思います。

司法試験や国家公務員試験並みに難しくする必要はありません。でも、せめて国会議員として必要最低限の知識やものの考え方を持った人に立候補してもらいたいと思います。

現行の選挙制度をおさらい！

次に現行の選挙制度について見てみましょう。

衆議院議員選挙（総選挙）と参議院議員選挙（通常選挙）とでは、仕組みが異なりますので、それぞれ見ていくことにします。

まずは、衆議院議員総選挙について見てみましょう。

現在、衆議院の定数は480人です。選挙の方式としては「小選挙区比例代表並立制」と呼ばれるものを採用していて、480人のうち300人が小選挙区制から、残りの180人が一つもしくは複数の都道府県からなる「ブロック」と呼ばれる単位を選挙区とした比例代表制から選ばれます。

小選挙区制と比例代表制についても、簡単に説明しておきましょう。

小選挙区制というのは、一つの選挙区から一人だけが当選する選挙制度です。基本的には、候補者個人を選ぶものです。有権者も政党名ではなく、個人名を書くようになっています。

小選挙区というその名の通り、小さな単位に区切って、その小さな単位の代表者を選出します。300人の議員が必要なら、300の選挙区が必要になるわけです。

これに対して、一つの選挙区から複数の当選者が出る選挙制度を「大選挙区制」と言います。さらに、厳密にいえば大選挙区制に含まれるものの、一つの選挙区からの当選者が3人から5人程度と、比較的少人数の場合には「中選挙区制」などと呼ばれます。

日本では長らく中選挙区制での選挙が行われてきましたが、1996年の衆議院議員選挙から小選挙区比例代表並立制が導入されました。つまり、小選挙区制がとられたのは、国会の長い歴史から見れば、つい最近のことだと言っていいでしょう。

小選挙区制の特徴にはいくつかありますが、最大のものは「二大政党制ができやすい」ということです。一つの選挙区で一人しか当選しないのですから、小規模政党には圧倒的に不利です。

例えば5人当選する中選挙区制では5番目までに入れば当選できますが、小選挙区制では1番にならなければ当選できません。

投票者側から見れば、現在の議員に対して「イエス」か「ノー」かの判断をしやすくなります。「イエス」ならその人に投票すればいいですし、「ノー」なら2番目の人に投票すればいいわけです。

3番目以下の候補者に投票しても、その人が当選するのは難しいでしょう。ですから、現在の議員（政党）への批判票は2番目の議員に集中することになります。

次の選挙でも同じことが起こりますから、事実上、二大政党制になっていくわけです。

また、小選挙区制が導入されるきっかけとなった最大のものは、「選挙にはお金がかかる」という問題です。

すでに述べたように、選挙ではポスター貼りに多額のお金がかかります。選挙区が小さければ、ポスターの枚数も少なくて済みますし、貼る範囲も狭いので実際に貼る人の人件費も抑えられます。

小選挙区制に賛成した議員の多くは、この「費用が安く済むようになる」という部分で賛成したようです。

逆に小選挙区制の最大の弊害は、「死票《しひょう》」が多くなるということです。「死票」とは、落選者に投じられた票のことです。

例えば、ある選挙区に5人が立候補したとします。仮にAさん、Bさん、Cさん、Dさん、Eさんとしましょう。Aさんは25%、Bさんは22%、Cさんは20%、Dさんは18%、Eさんは15%の票を獲得したとします。

このとき、この選挙区での当選者はAさんです。でも、Aさんはこの選挙区で25%しか支持されていません。残りの75%は死票になってしまいます。

この75%の死票は、各候補を積極的に支持したというよりは「Aさんではダメだ」という批判票だった可能性があります。75%が「ダメだ」と言っている候補がその選挙区の代表として国会議員になってしまっていいのでしょうか。

実際、2009年の選挙で民主党が圧勝したのも、2012年の選挙で自民党が圧勝したのも、小選挙区制だったからです。どちらの選挙でも、圧勝した党は当選した議員の割合ほど票を得ていたわけではありません（次ページ図参照）。

さて、この「死票が多くなる」という小選挙区制の欠点を補うように併設されているのが、「比例代表制」という選挙制度です。

比例代表制というのは、基本的には政党を選ぶ選挙方式です。そして、それぞ

小選挙区の得票率と獲得議席はこんなにアンバランス

（日経新聞2012年12月17日付記事より）

（2012年12月の衆院選の結果）

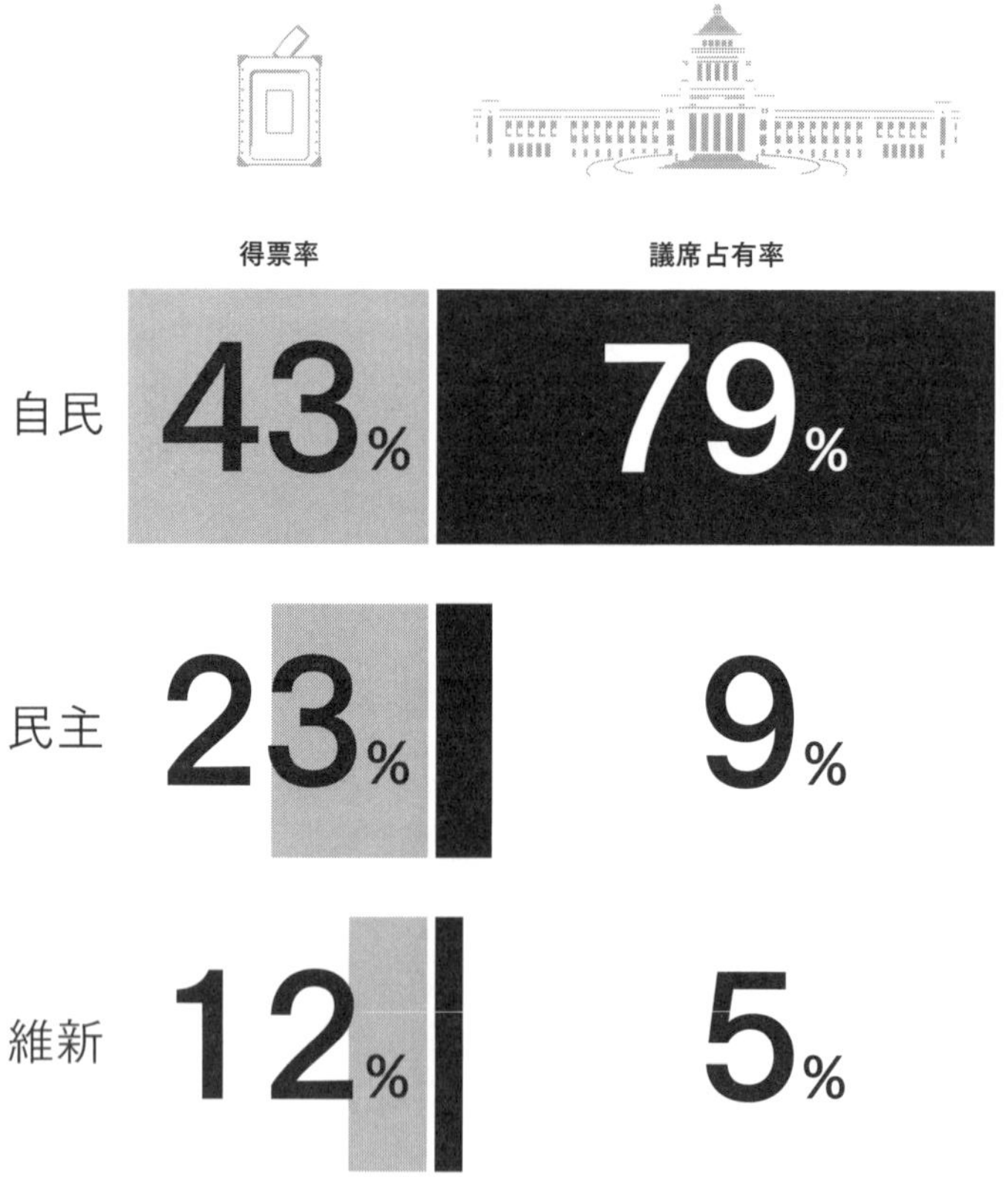

れの政党が獲得した票の割合に応じて、当選者数を割り当てるというものです。

日本で採用されている方式は「ドント式」というもので、各党が実際に獲得した票数を「÷1」「÷2」「÷3」……と計算していって、その割り算の答え（商）が大きい順に議席を配分していくようになっています。

わかりにくいかもしれませんが、簡単な例を出してみます（91ページの図を見ながらお読みください）。

A党、B党、C党の3党が候補者を出したとします。定数は5人とします。有効投票数210票のうち、A党は100票、B党は70票、C党は40票獲得しました。A党は「100÷1」「100÷2」「100÷3」……と計算していきますから、「100」「50」「33」「25」……となります。B党は同様に計算して「70」「35」「23」……、C党は「40」「20」「13」……となります。これらの数字の大きい方から議席を割り当てて、定数に達したところで終わりという方式です。

党の壁を取り払って大きい順に数字を並べると、「100」「70」「50」「40」「35」「33」「25」……。ここから上位5つが当選ですから、「100」（A党）、「70」（B党）、「50」（A党）、「40」（C党）、「35」（B党）が議席を取ることになります。つまり、A党2議席、B党2議席、C党1議席です。

A党の100票とB党の70票が同じ扱いになるわけですが、まあ接戦と言えるでしょうから、こうした結果になるわけです。

仮にもしC党が30票しか獲得できなかったとしたら、「33」の数字の党が議席を得ることになり、その結果、A党3議席、B党2議席、C党0議席ということになります。

衆議院議員選挙はこのような仕組みになっています。

次に参議院議員通常選挙を見てみましょう。

参議院の定数は現在242人ですが、3年ごとに半数ずつ選挙をするようになっています（半数改選）。つまり、各参議院議員通常選挙では、定数の半分の121人が当選するということになります。

このうち、73議席は都道府県を単位とした選挙区制、残りの48議席は比例代表制の選挙で決まります。

選挙区は都道府県単位ですが、人口の割合に応じて「1人区」から「5人区」まであります。2013年の参議院選挙では、5人区は東京、4人区は大阪、神奈川、3人区は埼玉、千葉、愛知、2人区は北海道、宮城、茨城、新潟、長野、

ドント式の計算例

（参考・静岡県総合教育センターHP）

当選者5人　各党の得票数が下記の場合

政党名	A	B	C
得票数	100	70	40
÷1	1人目 100	2人目 70	4人目 40
÷2	3人目 50	5人目 35	9人目 20
÷3	6人目 33	8人目 23	13人目 13
÷4	7人目 25	11人目 17	14人目 10
÷5	9人目 20	12人目 14	15人目 8
当選者	2	2	1

①各政党の得票数を、1から順番に整数で割っていきます

②割った答えの大きい順に当選者を割り振っていきます

静岡、京都、兵庫、広島、福岡、残りの県は1人区です。

比例代表制の方は、衆議院と同じくドント式で行われますが、衆議院とは違うところがいくつかあります。

まず、衆議院の比例代表制は一つもしくは複数の都道府県からなる「ブロック」という選挙区がありましたが、参議院の比例代表制には選挙区がありません。地域は関係なく、全員が「全国区」ということになります。

衆議院の場合は、「ブロック」の違う候補者（政党）に投票することはできません。私が立候補した新党大地は北海道ブロックだけで立候補していたので、東京や大阪の人は「新党大地」と書いて投票しても無効でした。

でも、参議院の比例代表制にはブロックはなく、全員が全国区なので、東京の人も大阪の人も、どの政党名を書いてもかまいません。

また、衆議院の場合は「拘束《こうそく》名簿方式」、参議院の場合は「非拘束名簿方式」という制度になっています。簡単に言いますと、衆議院の場合は比例代表の立候補者名簿に党が順位を付けなければならないのに対して、参議院の場合は名簿に順位を付けません。

では、順位を付けずにどうやって当選が決まるのかというと、参議院の場合は

拘束名簿方式と非拘束名簿方式の違い

（参考・春日井市HP）

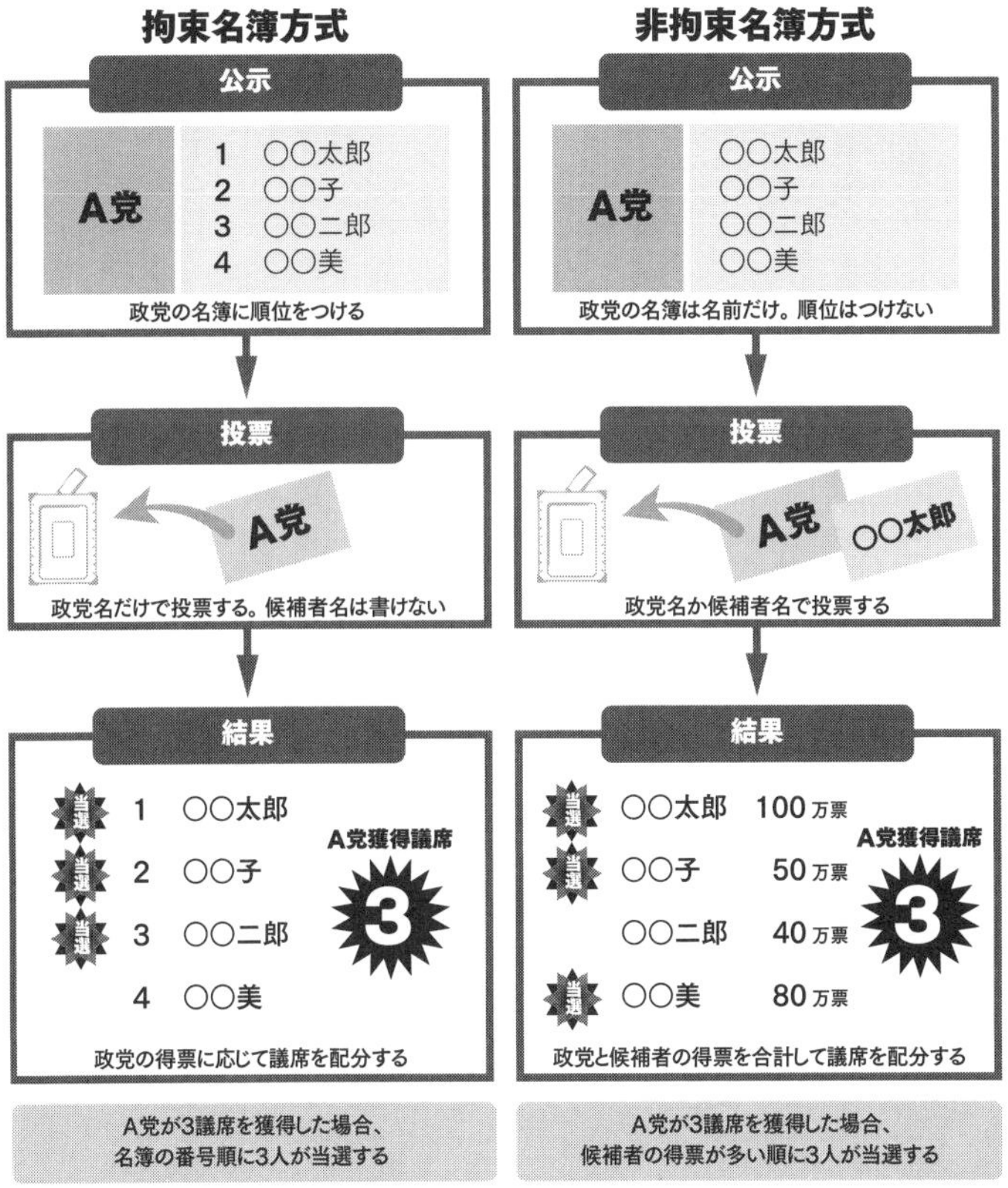
拘束名簿方式
公示
A党
1 ○○太郎
2 ○○子
3 ○○二郎
4 ○○美
政党の名簿に順位をつける
投票
A党
政党名だけで投票する。候補者名は書けない
結果
当選 1 ○○太郎
当選 2 ○○子
当選 3 ○○二郎
4 ○○美
A党獲得議席
3
政党の得票に応じて議席を配分する
A党が3議席を獲得した場合、
名簿の番号順に3人が当選する
非拘束名簿方式
公示
A党
○○太郎
○○子
○○二郎
○○美
政党の名簿は名前だけ。順位はつけない
投票
A党
○○太郎
政党名か候補者名で投票する
結果
当選 ○○太郎 100万票
当選 ○○子 50万票
○○二郎 40万票
当選 ○○美 80万票
A党獲得議席
3
政党と候補者の得票を合計して議席を配分する
A党が3議席を獲得した場合、
候補者の得票が多い順に3人が当選する

比例代表であっても、投票用紙に候補者個人の名前を書くのです。その得票数の多い順が事実上の名簿順になります。

もちろん、有権者は個人名ではなく政党名を書いてもかまいません。その場合は、政党の得票にはなりますが、政党内の名簿順には影響を与えない票として扱われます。

衆議院の場合はあらかじめ名簿順が決まっていますから、政党が獲得した議席数分、その順番に従って当選者が決まります。衆議院の比例代表で名簿に載っている個人名を書いてしまうと無効になってしまいます。

「でも、衆議院でも名簿順位が全員1位とか、一人だけ1位で残りは全員2位なんていうのを見たことがあるよ」という読者もいるかもしれません。

その通りです。衆議院の比例代表制では複数の人を同じ順位にしてもいいことになっています。ただし、小選挙区との重複立候補者（小選挙区と比例代表の両方に立候補している人）に限られます。

では、同じ名簿順でどのように実際の当選者が決まるのでしょうか。それは、「小選挙区での惜敗率《せきはいりつ》の高い順」ということになります。惜敗率とは、当選者の得票数に対する落選者の得票数の割合のことです。

重複立候補者が比例区で復活当選する場合

（参考・「asahi.com×ANN 2009総選挙」）

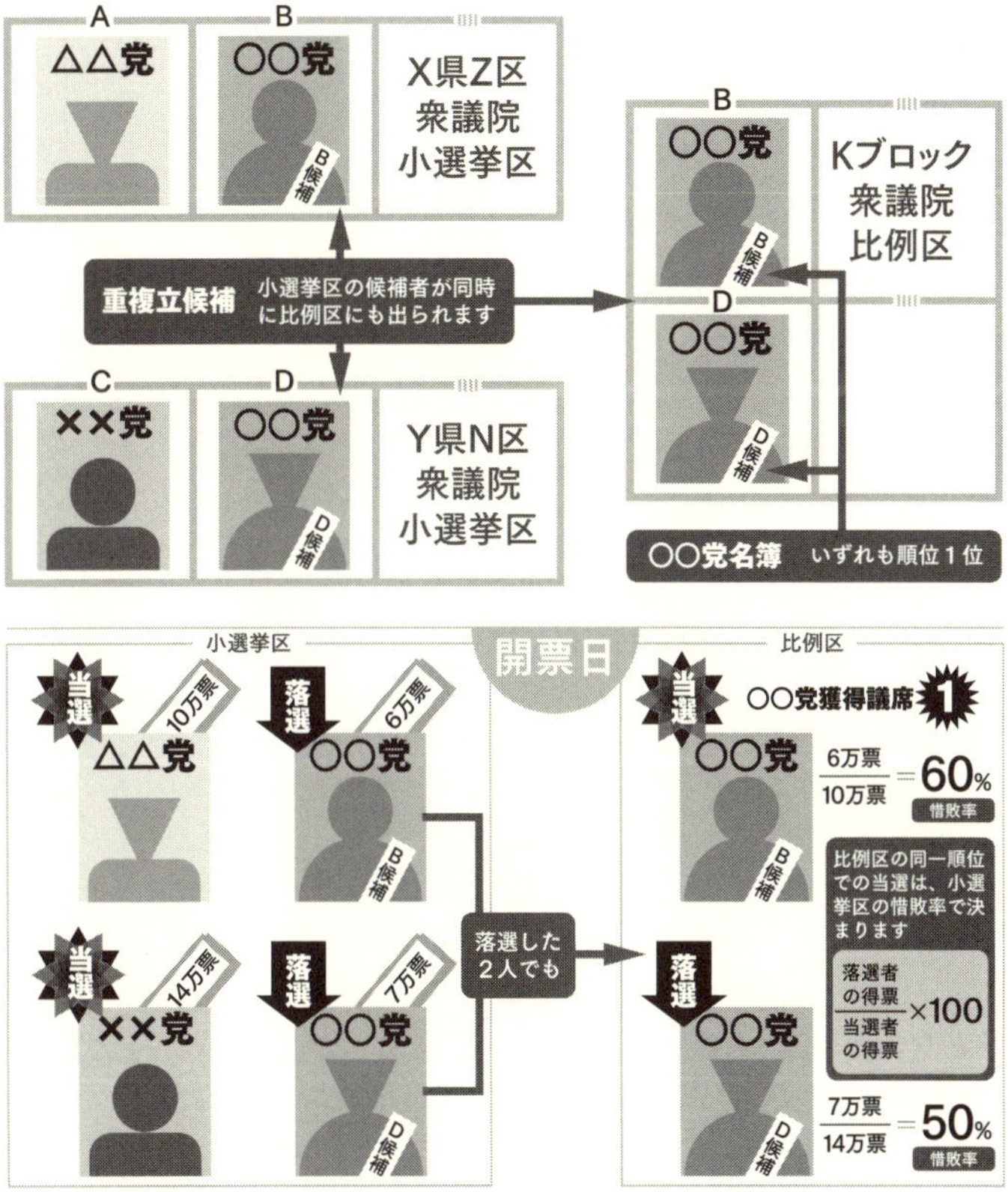

※小選挙区で供託金を没収される得票で落選した場合は比例区での復活当選は禁止されます

例えば、当選者A候補が10万票、落選者B候補が6万票を獲得したとしたら、Bさんの惜敗率は60％です。小選挙区で高い得票率を得た人が比例で当選しやすいようにするのが、「同じ順位にする」ということなのです。

どうでしょうか。非常に複雑だと感じた読者も多いでしょう。

確かに複雑なので、もう一度、まとめておきましょう。

衆議院
小選挙区…300の選挙区から一人ずつ当選…候補者名を書く
比例代表…11の選挙区から合計180人当選…政党名を書く（候補者名は無効）

参議院
選挙区…都道府県ごとに1〜5人当選…候補者名を書く
比例代表…選挙区なし（全国区）で合計96人当選…候補者名を書く（政党名でも有効）

癒着を生むシステムと1票の格差

国会議員は国民の代表者であるという話を述べてきました。

本当は国民全体の代表者であってほしいと思いますが、少なくとも選挙区の人全員の代表者であるべきでしょう。

では、国会議員は選挙区全員の代表者たり得ているのでしょうか。

私が立候補した北海道4区の人口は約40万人です。もし私が当選していたとしても、ありとあらゆる政策について、この40万人の人全員の意見を吸い上げて、精査して、代表として国会で意見を述べることは物理的に不可能だと思います。

制度の問題として、40万人の人の意見を一人の人が集約するというのは現実的ではありません。

例えば、1000人ぐらいであれば、ちょっとした会場を借りて、その1000人を相手にした直接民主制に近いものができるかもしれません。でも、40万人では無理です。

小選挙区でこれですから、中選挙区、大選挙区、ブロック、全国区ではさらに無理な話です。

では、小選挙区の単位を人口1000人ずつにすればいいかというと、そんなことをしたら、国会議員の数が膨大に膨れ上がってしまいます。日本の有権者数は1億人くらいいますから、国会議員だけで1万人になってしまいます。そんな国会はあり得ません。

アメリカ大統領選のように、まずは選挙人を選ぶという二段階方式もありといえばありですが、結局は同じことです。つまり、ある程度、人口が大きくなってしまうと、制度として間接民主制が機能しなくなってしまうのです。

別の角度から見てみましょう。実は大勢を一人が代表するというシステムは、利権者にとって非常においしいシステムです。

もし40万人の直接民主制の社会だったら、自分に利権を引っ張ってくるためには40万人（事実上は多数決で勝てる20万人超で済みますが）に賄賂《わいろ》を送る必要があります。でも、この40万人を一人の人が代表していたら、この一人に賄賂を送るだけで40万人に賄賂を送ったのと同じ効果が出るわけです。

利権と癒着する人にとって、こんなにおいしいシステムはありません。あとはせっせと票を取りまとめて、この代表者が落選しないようにすればいいわけです。

また、２０１３年3月以降、各裁判所で違憲判決が相次いだ、いわゆる「1票の格差」の問題もあります。「1票の格差」というのは、選挙区によって当選に必要な票数が異なってしまい、有権者の1票の重さに不平等が生じることを言います。

例えば、単純化して言うとこういうことです。

A選挙区には有権者が１００人いました。B選挙区には有権者が50人いました。それぞれ立候補者が二人いたとします。

A選挙区では、CさんとDさんが争い、Cさんが60票、Dさんが40票を獲得して、Cさんが当選しました。

これに対して、B選挙区ではEさんとFさんが争い、Eさんが30票、Fさんが20票を獲得して、Eさんが当選しました。

国民一人一人の権利は同じはずです。ところが、Dさんは国民の40票の支持を得て落選したのに対し、Eさんは国民の30票しか獲得していないのに当選したわけです。

国民の40票を得た人が代表になれず、30票の人がなれてしまうというのは明らかにおかしな話でしょう。これは、選挙区によって1票の重さが違ってしまっているからです。

格差が完全になくなることはありません。すべてを全国区にすれば別ですが、そうでない限り、格差は生まれます。実際にやれるのは、1票の格差ができるだけ小さくなるように、選挙区を調整するということだけです。

でも、有権者には移動の自由があります。会社員の転勤族という人も少なくありません。数年経ったら、あちこち人が入れ替わっているわけです。当然、人口も変化します。

そうなると、選挙のたびに選挙区の区割りを微調整する必要が出てきます。そのたびに法改正しなければなりませんが、それも大変です。

だから国会はずっと先延ばしにしたり、ほんのちょっとの微調整で何とかしようとしたりしていたわけですが、裁判所から「ノー」を突きつけられてしまったというのが「1票の格差」の違憲判決なのです。

この「1票の格差が大きい」という点でも、国会が国民の代表たり得ていないことがわかるかと思います。

同一選挙区での再立候補を2回までとすべきだ

地元の建設業者など、利権を得るために選挙区の国会議員と癒着する例は後を絶ちません。もちろん、建設業者に限りません。政治献金という名の賄賂を送ったり、あるいは票を取りまとめて選挙時にその候補者への投票を強制したりできる人物に対して、議員としてその見返りに何らかの利益誘導をするという仕組みを何とかしない限り、本当の意味で政治を国民の手に取り戻すことはできません。

再度言いますが、国から地元に予算を引っ張ってくること自体は悪いことではありません。それを、ほんの一部の人、ほんの一部の企業に独占させてしまう仕組みが問題なのです。

この癒着の構造を崩すための方策があります。それは「同じ選挙区からの再選回数を制限する」というものです。

第1章で、同じ選挙区から何度も再選されるのは、自分が自分の地盤を「世襲」しているのと同じだという話をしました。それを断ち切る方法として、再選回数の制限をするのです。

「再選回数」と書きましたが、運用としては立候補自体を制限します。同一選挙区での再立候補を完全に禁止してもいいですし、2回（2期）まではOKとしてもいいでしょう。

いずれにしても、**長く同じ選挙区にいることで癒着の構造が生まれますから、できる限り短いスパンで候補者が替わるのがいいと思います。**

一般企業で転勤があるのは、いろいろな仕事を覚えてもらうという意味合いのほかに、癒着を防ぐという意味があります。特に金融機関などは、長く同じところにいると癒着とか不正が生まれやすくなると言います。それを防ぐために、短い期間で転勤を繰り返させるわけです。

国会議員も同じです。いや、国会議員の方が権力がある分、癒着や不正が圧倒的に起こりやすいはずです。

もちろん、人が替わっても政党が同じで、その政党自体が癒着の元締めとして機能していれば誰が来ても同じことが起こるかもしれません。でも、党の地元事務所の責任者のような人が癒着の窓口となって、事実上の権力を持つ可能性もあるでしょう。

ですから、党の地元事務所の責任者も短期間で交替させるようにしなければならないかもしれません。

都道府県議員よりも小さい範囲の代表を選ぶ小選挙区は意味がない

私はそもそも小選挙区という選挙区は必要ないと考えています。1票の格差が広がる、癒着が生まれやすい、死票が多くなるなど、小選挙区制はプラス面に比べてマイナス面が大きすぎます。

議会には地方議会と国会とがあります。地方議会には、市区町村議会と都道府県議会があります。つまり、「市区町村議会」→「都道府県議会」→「国会」というように、管轄する範囲も広がり、「抽象度」も高くなるわけです。抽象度というのはものを見る視点の高さのことで、抽象度が高くなればなるほど、高次元からものを見られるようになります。

衆議院総選挙の小選挙区の中に、1都道府県が1選挙区になっているところはありませんから、すべての小選挙区は都道府県議会が管轄する範囲よりも小さい範囲の人たちの代表者が選ばれることになります。だいたい「市区町村議会」から「都道府県議会」の間ぐらいの範囲と捉えていいと思いますが、なぜ「国会議員」なのに「都道府県議会」が管轄する範囲よりも小さい範囲の代表なのでしょうか。

そんな小さな範囲の代表は、都道府県議会に任せておけばいいのではないでしょうか。都道府県議会の議員が陳情すれば済むことです。

何度も言うように、地元に予算を引っ張ってくること自体は悪いことではありません。でも、仮にも国会議員であり、議院内閣制である以上、与党になれば大臣になることもあり得ます。そこまでいかなくても、国会議員は各委員会のメンバーとなって、省庁を統括するのが仕事になります。

都道府県より小さな範囲の代表で、その小さな範囲の利権のことばかり考えている人が、はたして日本国全体のこと、あるいは世界全体を見渡した上での日本の国益について考えられるのでしょうか。できる人もいるでしょうが、その割合は残念ながら非常に低いと思います。

私の考えは、まず日本に道州制を取り入れて、その道州単位を選挙区とします。1票の格差は、道州の議員定数で調整します。

道州制にした場合、一つの道州の広さが問題となりますが、これは人口を加味して考えていけばいいと思います。イメージとしては、現在の衆議院総選挙時の比例ブロックくらいの大きさが適当かと思います。

なお、道州制については後にもう少し詳しく述べたいと思います。

電通は東京電力に関する原発報道について、ネットで情報操作をしていた！

政党が選挙のコンサルタントとして広告代理店を使っていることはよく知られています。特に、小泉純一郎政権時代の自民党が、ある広告代理店を使って「B層戦略」という戦略で大勝したことは記憶に新しいでしょう。

「無批判に小泉首相を支持する主婦層や若年層、シルバー層」を「B層」とカテゴライズし、この層を中心に支持を広げていく戦略をとった結果、いわゆる「郵政選挙」で自民党が大勝したわけです。

この「B層戦略」の内部文書が流出することになり、その中に「B層はマスコミ報道に流されやすく、IQが低い」などと書かれていたため、国会の質疑でも「『B層』の『B』は、『バカ（BAKA）』の『B』ではないか」などと言われ、話題になりました。

これを機に、各政党（この「B層戦略」のときは内閣府）が選挙戦略を立てる際、広告代理店を利用していることも公になりました。

この「B層戦略」は「スリード社」という会社でしたが、この会社は内閣府との契約書に架空の所在地を記載していました。その記載地に事務所も何も（登記すら）なかったのです。そんな会社に、内閣府が1億5000万円ものお金を支払って、自民党が圧勝するための戦略を立てさせたというあまりにも怪しい癒着が展開されていました。

ちなみに、このスリード社は経済産業省の「ものづくり白書」の作成にも関わり、1000万円で受注しています。

当然ながら、こんな怪しい広告代理店だけでなく、大手広告代理店も選挙のコンサルタントとして各党からお金をもらって活動しています。あるいは、選挙期間前であれば各党とも広告を出せますが、その広告を出す際に広告代理店が絡んできます。

特に知られているのは、自民党と電通です。

選挙での世論操作については確たる証拠があるわけではありませんが、前回の衆院選の直前に電通は東京電力に関する原発報道について、ネットでの情報操作をした過去があります。これは実際に「電通に頼まれて、原発推進世論を作ったり、反原発の人を誹謗中傷するサイトを作った」と某IT広告会社の社長さんが言っていましたから、間違いありません。状況証拠ではなく、確たる証言があるのです。

個人のブログやツイッターなどではなく、ウェブデザイナーを雇って、ドメインまでわざわざ取って作っています。しっかりお金をかけているわけです。

また、**私が『洗脳広告代理店　電通』や『原発洗脳』を出版した際、私を誹謗中傷するようなサイトができたのですが、そのサイトもどう見ても素人の作ったものではなく、きっちりお金をかけて作られたものでした。**

単に私の悪口を書きたい人なら、そんなにお金をかけるはずがありませんから、これはどこかから組織的にお金が出ているにちがいありません。状況証拠ではありますが、本のテーマが『電通』『原発』ですから、だいたいどこからお金が出ているか推測はつきます。

何が言いたいかというと、電通はネットでの世論操作については「前科一犯」であり、またネット世論を操作する方法も、資金力も十分に持っているということです。

ネット選挙については別の章で述べていきますが、ネット選挙が解禁になった際には、こうした大手広告代理店によるネット世論の操作に、有権者は十分注意しなければならないと思います。

衆議院は地元代表とブロック代表を半分ずつ。参議院は全国区比例代表のみ

先ほど少し触れましたが、国会の二院制が正しく機能していないという議論がよくあります。参議院は単にねじれを起こしたり、議論に時間が意味なくかかったりするだけで、存在意義がないのではないかという話のようです。

確かに、現状の参議院はそう言われても仕方がない状態かもしれません。

選挙の話のところで、国会が二院制なのはイギリスの議会を参考にして作られ

たからだと述べました。要するに、貴族院と庶民院の二院制を模倣したということでした。

そのため、日本の帝国議会も貴族院と衆議院という二院制を採用したわけです。この貴族院と衆議院という二院制には、それなりの意味があったと思います。まず、貴族院は貴族の互選制なので、はっきり言って街中の庶民のことなど問題にしていません。まったく考えていないと言ったら語弊がありますが、少なくとも二の次であって、最優先に考えることは天下国家の舵取りをどうするかということでした。日本という国をどうしていくかという視点で政治を行っていたはずです。

それに対して、庶民の生活のことも考えようというのが衆議院です。天下国家のことばかりで、一般庶民の生活が二の次、三の次にされてしまっては困るというのが、衆議院議員の考え方だったはずです。

何度も述べているように、国会というのは、地域の代表という側面と天下国家の舵取りを考える人たちが同居しています。ですから、本来の役割に戻して、衆議院は例えば半分が小選挙区など地元の代表とし、半分はブロックの代表とする。参議院は全国区の比例代表のみとするといったように、はっきりと特徴を出すようにすればいいと思います。

本来は、道州制を導入して、道州代表と全国区とに分かれればいいと思いますが、道州制に移行するとしてもかなり時間がかかるでしょう。ならば、現在の状態で選挙制度だけの変更で、できる範囲のことをまずやるのがいいと思います。

参議院には、貴族院のような日本全体のことを考えるという役割のほかに、もう一つの役割があります。それは、衆議院の決定を高い次元から見てチェックするという機能です。

戦後、貴族院が参議院になった段階で、参議院の主な役割はむしろこちらになったと言えるでしょう。法案を二重にチェックする役割です。

しかし、衆議院と参議院との区別があまりなくなってしまった現在、この二重チェックはただ単に時間の引き延ばし以外の何ものでもないとも見えるようになってしまいました。

この衆議院の判断をチェックするという機能を取り戻すためには、衆議院よりも高い抽象度で、高い視点から法案の是非を判断できなければなりません。

現在のところ、地域の代表という意味合いの強い衆議院よりも、もっと高い次元で、国家的な判断ができるようになるためには、やはり全国区から選ばれるべきでしょう。

国家としての判断をするという意味でも、衆議院の判断をチェックするという意味でも、参議院は全国区から選ばれる議員のみで構成されるのが望ましいと言えるでしょう。

ただし、「だったら、衆議院議員を地域と全国区からそれぞれ選ぶようにすれば同じことではないか」と考える人も出てくるかもしれません。

その通りだと思います。

あとは、選ばれる人を多様にして一院制にするか、あくまでも別にしてチェック機能という部分を残すかは、議論して決めればいいと思います。

テレビに出演した人は、それ以降3年間は国会議員になれないようにすべきだ

ただし、全国区にも問題がないわけではありません。

全国区だと、どうしても全国的に有名な人が当選しやすくなるのです。比例代表であっても同じです。

なぜ、選挙のたびに各党ともテレビに出ている有名人やスポーツ選手などを候補者として擁立するのかというと、そういうメディアの露出度が高い人の集票力がものすごいからです。はっきりいって、ケタ違いに票を取ります。

テレビというのは、民放の場合、番組には必ずスポンサーがいます。テレビに出ると圧倒的に当選しやすくなりますから、大企業が自分たちの息のかかった人を国会に送り込もうと思えば、番組のスポンサーとなって特定の人をメディアに出しまくればいいということになります。

そうなると、スポンサー力によって議員の当選が決まるという、ある意味、金権選挙と同じことが起こってしまいます。これは非常に危険なことなので、メディアの露出度が高い人が当選しやすいという状況自体を変えなければいけません。

それでなくても、全国区の当選議員がテレビタレントとスポーツ選手ばかりになったらまずいことはみなさんにも理解できるでしょう。

こうした人たちがきちんとした政治をしてくれれば何の問題もありませんが、政治的な能力がない人が大勢当選してしまう可能性の方が高いでしょう。なぜなら、テレビタレントやスポーツ選手は、それまで政治や立法の世界にほとんど接してこなかったはずだからです。

いかに優秀で政治的な才能のある人であっても、まったくの未経験では高度な政治的判断を的確に下すことはできないでしょう。これは、ビジネスの世界でも、スポーツの世界でも、どんなものでも同じだと思います。

そこで、先ほど私が提案した「国会議員立候補資格試験」の導入が必要になるわけです。ここできちんと資格を得た人なら、タレントでもスポーツ選手でも議員になっていいでしょう。能力があると認められたわけですから、前職が何であろうと誰にも文句を言われる筋合いはありません。

もう一つ、試験よりも手っ取り早い方法があります。それは「テレビに出演した人は、それ以降3年間は被選挙権を失う」とする方法です。これは法律を作るだけでできます。

テレビの影響力はあまりにも大きいので、出演した人は選挙に出てはいけないという法律を作るわけです。

もちろん、NHKの政見放送とか、そういったものは除外して、普通の番組に限って制限します。

あるいは、両方採用してもいいかもしれませんし、**「テレビに出た人でも『国会議員立候補資格試験』に合格すれば立候補してもいい」という方式にしてもいいかもしれません。**

いずれにしても、全国区では、政治的能力に関係なく、全国的に名前の売れている人が圧倒的に当選しやすくなってしまうので、それをできる限り防いで、政治的な能力、政策立案・実行能力といったものが判断基準となる選挙にしていかなければなりません。

Section 3

苫米地流「通貨発行権つきの道州制」プラン

消費税の地方税化でいいという議論は大都市だけでしか成り立たない

この章では少し視点を変えて、日本が道州制を取り入れるべき理由について述べていきたいと思います。もちろん、選挙に関する話から入っていきますが、道州制のあり方全体についても言及していくつもりです。

さて、道州制についてはさまざまなところから意見が出されていますが、どういうものかイメージしづらいという人のために、簡単に説明しておきましょう。

道州制というのは、現在の都道府県よりも少し大きな単位を道州としてまとめて、この道州の独立性を強め、その代わりに日本政府をアメリカの連邦政府のような存在にする制度だと思ってもらえればいいと思います。

「いいと思います」というあいまいな表現になったのは、人によって細かな解釈が違うからです。道州をほぼ独立国家のように扱うべきだとする人もいれば、都道府県の単位をちょっと大きくして、ちょっと権限を多く持たせる程度に考えている人もいます。

私の個人的な考え方は、独立国家に近づけるものの、財源については各道州に大きな格差が出てしまわないように中央からの交付金によって調整すべきだと考えています。

財源の移譲による道州の財政的独立性の強化を目指している人たちもいますが、これは大都市の論理だと思います。彼らは消費税の地方税化を望んでいるようですが、それは大都市だから成り立つ論理です。

大都市には人がいて、産業があって、もの・人・お金の移動が活発なので、財源を移譲してもらえれば独立財政でやっていけるかもしれません。しかし、地方はそうはいきません。

独自の財源ではとてもまかなえないのです。独自の財源でやっていけるのは、東京と大阪（が入る道州）ぐらいなのではないでしょうか。あとは、愛知、神奈川あたりがギリギリやっていけるかもしれませんが、残りの地域はまず無理でしょう。

「それは自己責任だ」と言いたいのでしょうが、私はそれは違うと思います。そもそもの前提条件が違うのに、「自由競争で負けるのは自己責任」というのは違います。

前提条件が違っても自由競争で勝ったものが正義で、負けるのは自己責任という論理は、ＴＰＰの論理と同じです。明らかに勝てる側が仕掛ける戦いの論理なのです。

話を戻しましょう。

道州制になると、何がいいのでしょうか。一つはいわゆる**小さな政府が実現するので、財政支出が抑えられるのではないかと期待されます。**また、東京一極集中、都市の過密化、地方の過疎化が抑制されるのではないかと言われています。

もちろん、反対論もありますし、一極集中がさらに進むのではないかという意見もあります。

そのあたりは、プラス面とマイナス面を精査して、具体的にどのようにやっていくかを考えていく必要がありますが、現在のところ私はメリットの方が大きいのではないかと思っています。

選挙については、先ほど述べたように、国会議員が小さな小選挙区の代表では困るわけですが、**道州制になれば、そうした地元への予算誘導は道州議会や道州知事といった人たちがやればいいことになります。**

国会議員は、国の運営に特化して仕事をすることができるようになるはずです。それによって、一部の人の利益ではなく、国家的な視点でいろいろなことを判断できるようになると思います。

本当は、国会議員は全国区だけでいいと思いますが、どうしても地域の代表が必要だというのなら、道州代表議員がいてもいいでしょう。道州というのは、現在の複数の都道府県が合併して（必ずしも現在の都道府県の形を維持する必要はないと思っていますが）できますから、ある程度、広い地域の代表となります。そうなると、ごく一部の人だけの利益を考えるわけにもいかなくなるでしょう。少なくとも、道州全体のことを考えないと当選が難しくなるはずです。

地域格差を是正するために地方交付税は強化すべきだ

道州制はいろいろな人が主張していますが、特に橋下徹氏と石原慎太郎氏が率いる「日本維新の会」がこの道州制導入を強く主張しているようです。道州制によって地方の独立性を強め、地方のことは地方でやるという小さな政府を目指しているようです。

そこまではいいのですが、「財源（税収）も国から地方に移譲して、できる限り、地方が独立採算でやれる形がよい」と主張している点は問題だと思います。

特に、消費税の地方税化によって、地方財源を確保したいと考えているようですが、これは完全に大都市の論理です。

前大阪府知事で大阪市長の橋下氏と、前東京都知事の石原氏ですから、こうした考え方になるのは当然なのかもしれませんが、それ以外の地方では独立採算などまず不可能です。消費税を地方税化したところで、大都市と比べて人が極端に少ない地方の道州では、財政はとてもまかない切れません。

東京や大阪の論理としては、「俺たちの払った税金が、税収の少ない地方の財源になるなんておかしい」ということなのでしょうが、国家というのはそういうものでしょう。「人が少ないから橋なんてなくてもいい」とか、「たまにしか人が通らないのだから、道路は舗装しなくてもいい」という論理にはならないはずです。

同じ日本国民として、できる限り、地域差が小さくなるようにするべきです。地方独自の財源を強化して、可能な限り、独立採算に近づけるというところまでは、私も同意できます。しかし、あれもこれも地方の財源にして、国家の財源が少なくなってしまうと、国家から地方に支払う地方交付税まで少なくなってしまいます。

地方交付税には、地域格差を是正する役割がありますから、これが少なくなってしまうと、地域格差はより大きくなってしまいます。

人口が少ない地方でも、ある程度のレベルを保てるように、地方交付税はむしろ強化すべきだと思います。

ＧＤＰと人口のバランスを基準に現在の日本を7つか8つに分けるのがいい

さて、道州制の議論になるといつも出てくるのが、どのように道州を区分けするかという問題です。たいていは、現在の都道府県の枠をそのまま残しつつ、どことどこをくっつけるかという考え方で議論がなされています。

ですが、道州制を導入するのであれば、現在の都道府県の枠組みは必要ありませんから、まったく新たに区分けを考えてもいいのではないでしょうか。

もちろん、山とか川とか湖とか地形の問題があるので、そこは考慮して、現在の都道府県の境界線を利用できる部分は利用すればいいでしょう。しかし、そうした自然の地形の制限のないところに関しては、ゼロベースで考えてもいいだろうと思います。

私は日本のＧＤＰの大きさから考えて、現在の日本を7つか8つぐらいに分けるのがいいと考えていますが、分ける際の基準としてはGDPと人口のバランスということになろうかと思います。

人口とGDPを基準に考えると、東京というのはどちらの基準でもあまりにも大きすぎます。

私は東京は3つぐらいに分けて、その3つを北関東、南関東、西関東などに分けた道州に振り分けるのがいいと思っています。東京の人口、GDPというのはそれほど巨大なのです。こうでもしないと、結局、東京が入った道州の一人勝ちになってしまいます。

大阪も同様です。大阪都構想などと言っていますが、道州制を導入するのであれば、大阪都どころか、大阪をバラバラにして西関西、東関西、南関西に分けるぐらいにしないと、地域格差がさらに大きくなってしまうでしょう。

大都市をバラバラに分けるメリットは格差是正以外にもあります。**近い距離で、適正な競争が起こることです。行政サービスなどで競争が起これば、業務の効率化が進みますし、住民の選択肢も増えることになります。**

「こっちの道州のサービスがいいから、こっちに引っ越そうかな」ということが起こるわけです。もちろん、道州にとっても転入してもらえばその分、税収が増えることになるのでメリットがあります。

つまり、「この道州は隣と比べて保育園が充実している上に、税金もそんなに高くない」ということになれば、子育て世代の家族がどっとその道州に集まってくるということもあり得るわけです。転出されては困る道州は、頑張って保育園を充実させるでしょう。

競争が高まっていけば、それぞれの道州がいろいろな特色を出すようになるかもしれません。住民にとっては選択がしやすくなりますから、それもメリットが大きいと思います。

北海道と沖縄がそんな競争をしても、現実的には「引っ越そう」とはならないでしょうが、隣の道州なら十分にあり得ます。

そのように、適切な競争は行政サービスの向上につながることになるはずです。

ポスト現代民主主義を実現する苫米地流道州制プラン

GDPと人口のバランスを基準に、
日本全国を7つか8つに分けるべし。

東京は人口・GDPが巨大なので、
北関東、南関東、西関東の3つに分け、
近い県と一緒にする。大阪も同様に
西関西、東関西、南関西の3つに分ける。

日本国は日本連邦として各道州を統括する。
軍や警察、消防や医療、教育は国が担当する。

道州は独自の財源を持ち、
「道州通貨」「道州債」の発行権を持つ。

道州は独自の議会と政府、裁判所を持つ。

道州は独自の法律（条例）や税制を持つ。
所得税は国が、消費税は道州が徴収する。

道州に通貨発行権を与えてもいい

道州が独自の財源を持って、中央省庁のコントロールから脱し、自分たちの判断でいろいろなことができるようになることに異論はありません。そのために、独自財源を強化するのも問題ありません。ただ、地域格差を是正するためのシステムは、むしろ強化する必要があるということです。

道州の独自財源の強化という意味では、国債（道州なので「道州債」と言うべきでしょう）の発行権を道州に与えるようにしたらいいでしょう。こうすることで、財政の独立性も高まります。中央省庁のコントロール下からもかなり自由になるでしょう。

もっと言ってしまえば、私は道州に通貨発行権を与えてもいいくらいだと思っています。例えば、「北海道東北円」や「北関東円」や「南関西円」などが別々にあるイメージです。それぞれ自由に為替《かわせ》取引ができるようにします。こうすることで、さらに道州の独立性が高まります。

「そうなると、例えば東京から北海道に行くとき、通貨を両替しなければならなくなるのでは？」と思った読者もいるでしょう。その通りです。駅や空港で為替取引して、そのときのレートに応じて両替します。

「そんな、北海道に出張に行くたびに両替しなければいけないなんて、面倒だ」と思ったでしょうか。

確かに、現金をいちいちすべて両替するのは面倒かもしれません。でも、世の中、かなりの部分、キャッシュレスでできてしまいます。クレジットカードしかり、電子マネーしかりです。

これらを使って買い物なりをして、決済のときに自動的に為替レートを計算して引き落とせばいいだけです。あなたが特に気にしなくても、全部自動でやってくれます。

「そこまでやらなくても」と思うかもしれませんが、これはEUの失敗を繰り返さないための予防策でもあるのです。

そうです。**道州制とは、EUに近いものになるイメージなのです。**それぞれの道州が限りなく、国に近い権限を持つということです。

あるいは、**アメリカの州をイメージしてもいい**でしょう。

ただ、私が考える道州制とはそれぞれ少しずつ違っています。例えば、**EUはバラバラだった国家を経済的に統一したシステムですが、私の考える道州制は逆に経済的には独立性を持たせるべきだ**と思っています。アメリカの州は、法律も違うなど、ほとんど国のようになっていますが、通貨は単一です。

EUはそれぞれの国が（当然ながら）国連に加盟していますが、アメリカの州は単独で国連には加盟していません。**日本の道州は、私はそれぞれが単独で国連に加盟してもいいのではないか**と思っています。

通貨を統一すると誰が得をするのかというと、欧米の銀行家のようなグローバルな大資本家たちです。通貨のコントロールがしやすくなるのです。中央銀行をコントロールすればいいだけだからです。

実は、中央銀行自体が必要ありません。通貨発行権を独占したい人たちが、「中央銀行が必要だ」と言って、無理やり作ったのが中央銀行なのです。

中央銀行の大きな役割の一つは、マネーサプライのコントロールですが、成熟した先進国ではそれ自体が不要です。成熟した先進国では、もうGDPが大幅に伸びるということは期待できませんから（何らかのバブルが起こることはあり得ますが、早晩、はじけます）、その都度、ＧＤＰの伸びに合わせて通貨の量をコントロールすればいいだけです。

政策金利などというものも、機能していないことは昨今の日本の経済状況をみれば明らかです。

銀行が日銀にお金を預ける「準備預金制度」もいりません。**ＢＩＳ規制があるので、もう準備預金制度自体が機能していません。**各銀行がそれぞれＢＩＳ規制を守っていれば、必ず準備預金制度の範囲内に入ることになるからです。

もちろん、通貨発行権を道州に与えるということは、各道州が通貨を発行する機関を独自に持つということです。そうなれば、日銀などなおさら必要なくなります。

各道州の通貨発行機関を何らかの形で束ねたいと思う人たちが「日銀を残せ」と言うかもしれませんが、ならばすっかり骨抜きにして、もはや中央銀行とは言えない姿にしてしまわなければいけないでしょう。そうでないと、各道州の通貨発行権の独立が保てなくなります。

道州制は憲法改正なしで実現できる

ここまでドラスティックな改革を謳《うた》うと「そんなことは憲法改正でもしない限り無理だ」と言う人がいるかもしれません。しかし、これらは憲法改正などしなくても実現可能です。

多少、憲法解釈を変えればいいだけです。そんなことはすでにたくさんやられていますから、まったく問題ありません。

例えば、本来、憲法上は地方公共団体に徴税権はありません。また、地方公共団体が制定する条例もおかしな制度です。

憲法第九十四条には「地方公共団体は、その財産を管理し、事務を処理し、及び行政を執行する権能を有し、法律の範囲内で条例を制定することができる」とありますが、これは憲法第四十一条「国会は、国権の最高機関であつて、国の唯一の立法機関である」という条文と完全に矛盾しています。

それぞれ、適切に運用できるように解釈して使っているわけです。

そう考えれば、地方が独自に法（条例）を制定することは可能ですし、すでに徴税していますし、さらに通貨発行権に関しては憲法には特に何も書かれていませんから問題ありません。

そもそも、日本の場合、憲法改正はそう簡単ではありません。

憲法第九十六条にはこうあります。


「この憲法の改正は、各議院の総議員の三分の二以上の賛成で、国会が、これを発議し、国民に提案してその承認を経なければならない。この承認には、特別の国民投票又は国会の定める選挙の際行はれる投票において、その過半数の賛成を必要とする」


要するに、まずは改正案があって、その改正案に対し衆参各議院で3分の2以上の賛成が必要になります。通常の法案のように「出席議員の過半数」ではなく、「総議員の3分の2」ですから、この時点でかなりハードルが高いと言えます。

仮にこのハードルを越えたとしても、さらに次なるハードルが待ちかまえています。国民投票での過半数の賛成です。

これは総国民数（というか、国民投票の投票権者＝満20歳以上の人）ではなく、投票数の過半数の賛成で承認となります。それでもかなり高いハードルでしょう（ちなみに、改憲箇所が複数ある場合は、それぞれにおいて投票がなされます）。

安倍首相は、「国会議員の過半数だけで憲法改正の発議ができるようにしたい」などと発言して、第九十六条改正を希望しているようですが、国会議員の過半数で憲法改正できるように憲法を改正するのにも当然前述のダブルの高いハードルがありますから、現実的には難しいでしょう。もしもそれを強行すれば、国会の過半数である自民党の独裁政権になります。

簡単に言えば、日本の国名を「自民国」に、自衛隊を「自民解放軍」とすることだってできてしまいます。そのような改正は決してしてはいけません。

だいたい、その前の段階として、国会議員自体が国民の真の代表たり得ていないわけですから、そんな民意を反映していない国会議員の過半数で憲法を変えられてしまってては日本は滅亡してしまいます。

日本の憲法は政治用語で「硬性《こうせい》憲法」といいますが、簡単には変えられないようにわざわざしてあるわけです。選挙で政権が変わるごとにコロコロ変わるようなものを「憲法」とは言わないのです。

道州間で競争が起こって、行政サービスの質が高まる

なぜ道州制がいいのか、もう一度、もう少し高い抽象度から見てみましょう。

私の提案するような道州制になると、一つの道州が現在の国のような機能を持つようになります。各道州にそれぞれ法律（条例）があって、税制も道州ごとに違い、さらには通貨発行権があります。

もちろん、道州議会もあります。道州政府もあります。道州裁判所もあります。ですが、日本国民は日本国内の道州間の移動は自由ですし、経済活動も自由ですし、居住の移動も当然自由です。

「そんなもの、現在でもすでに自由ではないか」と思うかもしれませんが、現在

の制度では、自治体間で居住を移動しても、行政サービスはほぼ横並びです。東京から沖縄に引っ越しても、法律は同じですし、所得税率も法人税率も消費税率も同じです。

もし、行政サービスや各種税率に差があって、住民にとって移動（移住）自体に支障がないとしたらどうでしょうか。先ほども述べたように、その人にとっていい行政サービスのあるところに「引っ越そう」となるでしょう。

実は、先進諸国で事実上、多様な行政サービスを自由に選べない国というのは限られています。思いつく限りでは、日本と中国ぐらいではないでしょうか。

もちろん、世界中、どこの国でも自由に選べるという意味ではありませんが、限られた枠内とはいえ、選択肢がいくつかあって、自由に選ぶことができるのです。

ヨーロッパならEU間の移動は自由です。アメリカは、各州が法律を持ち、議会を持ち、州政府を持ち、徴税権を持っていますから、それぞれが一つの国のようなものです。実際、州によっては、「合衆国からの離脱」が議論されているほどです。

そしてもちろん、別の州に引っ越すことができます。

そもそも日本の人口、GDPを見たら、世界的には国としては大きすぎるのです。アメリカの州、ヨーロッパ各国ぐらいの規模にして、横並びをやめて、国民の選択の幅を広げる方が健全です。

このように道州制にすることで国民に選択の自由が生まれると何がいいのかというと、道州間に競争が起こって、行政サービス（法律や税制なども含めた広い意味での行政サービス）の質が高まることが予想されるからです。

そして、本書の最大の論点とも言える、**現在ごく一部の人や企業が独占している「利権」を、競争にさらすことによって解体することが期待できる**からです。権力の分散と競争によって、ぬくぬくと利権を貪《むさぼ》る人たちを安住の地から引っ張り出すことができるはずです。

日本国は日本連邦として各道州を統括する形になりますから、不合理な利権も生まれにくくなります。道州内部で利権とかごたごたが起これば、住民は嫌気がさして、他の道州に大挙して出て行ってしまうかもしれません。そうなったら大変ですから、各道州の政治家、役人たちは、一部の利権者ではなく、道州の住民全体の利益をきちんと考えるようになるでしょう。

それができない道州は住民がどんどん減っていき、道州を維持できなくなってしまうはずです。

これはまさに、ポスト資本主義、ポスト現代民主主義の姿と言ってもいいかもしれません。世界に先駆け（移動の自由などはすでに世界標準化しつつありますが、一つの国だったものを道州という形に分けて、それぞれに国のような機能を持たせることをした国はないでしょう）、日本から次の時代の新たな国の枠組みを発信し、日本の力強さをもう一度、世界に見せつけるチャンスでもあると思います。

ただし、これは一つのプラットフォーム作りにすぎません。いわばインフラにすぎないわけです。このインフラの上に実際にどのような具体的なシステムを乗せていくかは、これからの課題となるでしょう。

しかし、住民が自由に国家（というか、通貨や徴税システムといった国家の機能）を選べるようにするというところが、まずはスタートになります。

通貨発行者も徴税システムも国民が自由に選べないことから、ごく一部の利権者だけに利益が回るシステムができあがってしまったのですから、これを抜本的に変えて初めて、国民が自分自身の生産性を最大限に発揮できるようになるのです。

21世紀に「道州制」を実現することで、日本国民がごく一部の利権者たちから日本を取り戻し、自分の生きたい道を生き、夢を実現するためのプラットフォーム作りを始めましょう。

「ネット選挙広報」の次は「携帯投票」を実現しよう

Section 4

ネットを使った選挙活動・選挙広報の解禁は一歩前進

２０１３年夏の参議院議員選挙から、いわゆる「ネット選挙」が解禁になるようです。ただし、この「ネット選挙」とは「インターネットでの選挙活動」のことであって、私が推奨したい本当の「ネット選挙」とは違います。

とはいえ、インターネットでの選挙活動、選挙広報が解禁されるというのは、これまでに比べて一歩前進です。

なので、まずは私が推奨する「ネット選挙」について述べる前に、２０１３年7月の参議院選挙から導入される「インターネットでの選挙活動」について、触れておきたいと思います。

この「インターネットでの選挙活動」が解禁されるまでは、選挙期間中、インターネットで何らかの広報活動を行うことは公職選挙法違反の恐れがあるということで、ほとんどの候補者が自主的にネットでの広報活動をやめていました。

このネットでの広報活動とは、ツイッターでのつぶやきやフェイスブックでの書き込み、メルマガの配信などはもちろん、ブログの更新やホームページの更新も含まれていました。私自身も、選挙期間中はツイッター、フェイスブックはもちろん、ブログの更新もしませんでした。私の関わっているサイトはすべて更新しませんでした。

さすがにこれはおかしいだろうという議論が沸き起こり、今回の解禁につながっていくわけですが、はっきりと解禁される前から、「こんなものは違法じゃない」と言って、ツイッターでつぶやきまくっていた人もいました。日本維新の会の橋下徹大阪市長が有名でしょう。

彼は自身が弁護士なので、裁判になっても勝てる論理が構築できていたのかもしれません。単に「現状を変えるにはまずは行動だ」と思ったのかもしれませんが、いずれにしても、選挙期間中にインターネット上で選挙や候補者について語れないのはおかしいと思っていたわけです。

もちろん、私もおかしいと思います。ですが、初めての選挙出馬だったこともあり、グレーゾーンは極力「黒」と解釈して、ツイッターもブログの更新もしませんでした。

実は、ツイッターのつぶやきなどは、選挙期間中のみならず、例えば選挙後に「当選しました。ありがとうございました」といったようなことをつぶやくのも違法だという解釈があります。選挙速報を見て「当確なう」とつぶやくのもまずかったようです。

さすがに、ここまで規制するのはどうかということになりました。それで今回の解禁へという流れになったわけです。

ところで、そもそも「インターネットでの選挙活動」はなぜ公職選挙法違反になるとされていたのでしょうか。

その根拠は、公職選挙法142条にある「選挙運動のために使用する文書図画は、……通常葉書並びに……ビラのほかは、頒布することができない」という条文だとされています。総務省は、ホームページやブログ、ツイッターやフェイスブックなどのウェブサイトやメールは「文書図画」に当たると解釈し、これらを使った選挙活動は公職選挙法違反だとされているわけです。

ちなみにこれは候補者自身はもちろん、第三者が行っても公職選挙法違反になります。

ところが、一方で選挙期間中にネット上で自民党や民主党の広告を見た人も多いのではないでしょうか。テレビ広告もよく見たことでしょう。これはなぜOKなのでしょうか。

それは、ネットやテレビでの政党の広告は選挙活動ではなく、政治活動であるという解釈だからです。そう、第1章で書いた「選挙活動ではなく、(日頃の)政治活動をたまたま選挙期間にやっただけだ」ということが、ここでも出てきたわけです。

そんなバカな話はありません。

実際、選挙期間中以外で政党の広告を見たことがあるでしょうか。もしかしたらあるかもしれませんが、頻度がまるっきり違うはずです。選挙期間以外、この手の政治広報活動はほぼまったくしていないわけです。

「特定の候補者に投票してくれと言っているわけではないから」という詭弁は通じません。比例代表選挙がある以上、政党の広報活動自体が「うちの党に投票してくれ」と言っているようなものです。

しかも、お金を広告代理店に支払ってやっている広告ですから、お金をたくさん持っている党が有利です。お金持ちの党が有利になって、貧乏な党が不利になるようなことが堂々とまかり通るなどということがあってはなりません。

ネット広報がＮＧなら、広告はそれ以上に厳しく取り締まるべきです。

しかし、政権を取っているのはお金のある大政党ですから、自分たちに有利になる解釈をわざわざ変えるはずがありません。ですから、自民党はもちろん、民主党も変えなかったわけです。

ですが、ようやくここに来て、「ネット選挙広報」活動解禁にこぎつけました。

これは、いろいろな意味でとてもいいことだと思います。

「ネット選挙広報」を解禁すると有権者にも候補者にもいいことづくめ

今、「いろいろな意味でいいことだ」と書きましたが、ネット選挙広報が解禁になるとどんないいことがあるのでしょうか。

まずは、有権者側のメリットを挙げてみます。

これは何といっても、ネット親和性の高い層に選挙の情報が行き渡るということでしょう。もっとも「ネット親和性が高い人」というよりは、「普通にネット（スマホなども含めて）が使える人」と言ってもいいかもしれません。

つまり、ほとんどの人にとって、**選挙に関する情報が届きやすくなる**ということです。

これまでは、テレビの政見放送とか、新聞の選挙広報ページなどに頼るしかありませんでした。テレビはその時間に見られなければ情報は得られませんし、新聞も最近は取らなくなっている家庭も少なくありません。

いや、テレビとか新聞で情報を収集しようと思う人はまだマシです。私が選挙で経験したように、地元の実力者の言いなりとか、付け届け（賄賂）を持ってくる人に入れるとか、そういうレベルで選ぶ人がかなりいたわけです。

そこまででなくても、選挙カーのウグイス嬢が連呼していた名前で選ぶとか、駅前につけた選挙カーの上でしゃべっていた人（の横にテレビで見るような有名な政治家がいた人）を選ぶとか、そういう政策や政治的な主張以外の部分で選ばれていたのが変わっていく可能性があります。

この意義は計り知れないと思います。

また、掲示板やSNS（ソーシャルネットワーク）などでの主張のし合いとか、個人が考えを述べたブログにコメントがつくなど、**ネット上での政治的な議論が活発になる**ことが考えられます。

これまでネット上での政治的な議論は「ネット右翼」などと揶揄《やゆ》されるような人たちが中心になって牽引《けんいん》してきましたが、これからはもう少し幅広い層も積極的に参加してくる可能性があります。

もちろん、若年層が集まるサイトにシルバー層がいきなり入ってくることは難しいでしょうから、ネット上でも棲み分けができていくかもしれません。

それでも、ネット上で議論が高まることには変わりありませんし、政治的な議論の高まりは民主主義を正しく機能させる上で不可欠ですから、非常にいいことにちがいありません。

また、選挙のときだけでなく、当選したあとに選挙時の主張がきちんと実現されているかどうかをネット上でチェックできるようになるというメリットもありそうです。

ネット上では、文章であろうと動画であろうと、主義主張がそのまま証拠として残ります。しかも、大勢の人が見ますから、候補者や議員が「この主張はまずかったな。変えちゃおう」と思って変えてしまったら、その変えたという行為そのものも証拠として残ってしまいます。

それこそ、「あの議員は、あの公約が果たせないとわかって、サイトの文章を変えた」という話でいわゆる「炎上」してしまうことでしょう。ネットとは恐ろしいもので、そういう情報はあっという間に広まり、次の選挙で大打撃を受けることになるはずです。

立候補者の側にも実は大きなメリットがあります。

一つは有権者側のメリットの裏返し、つまり**ネット上で自身の政策、意見、公約などの情報を発信しやすくなる**ことです。

これまでは、選挙カーの上で演説するとか、会場を借りて演説会を開くなどの方法で、生の声を届けるしかありませんでした。しかしネット選挙広報が解禁されれば、ネット上に書いておくことで、多くの人に自身の意見や考え方を伝えることができるようになります。

私のように、寒風吹きすさぶ日本海の海岸を走り回らなくても、ネット上に述べたいことを上げておけば、あとは有権者の方々が見てくれます。

もちろん、見ない人もいるでしょうが、それは選挙演説を聞かない人がいるのと同じことです。いや、むしろ選挙演説を聞きに来る人に比べたら、ネットで候補者の情報を得ようとする人は圧倒的に多くなるのではないでしょうか。

わざわざ遠くの会場まで足を運ぶ必要がなく、家のパソコンからでも、出先のスマホからでも見ることができますから、候補者の情報を得るためのハードルは一気に低くなります。

私が参加したような公開討論会も今のようにやるのと同時に、ネットで動画配信すればいいでしょう。生中継して、さらにそのままいつでもアクセスできるようにしておけば、時間にとらわれず、有権者の都合のいいときに見ることができます。

選挙に興味を持つ人も増えるかもしれませんし、そうなれば投票率も上がって

くるかもしれません。

ただ、実はこうしたこと以上に、候補者側にとって非常に大きなメリットがあ

ります。それは「**選挙にかかるお金をかなり節約できる**」ということです。

候補者にとって、選挙で一番ネックになるのがお金です。選挙はとにかくお金

がかかる。第1章でも述べたように、ある議員は全国区の比例代表選挙で1億円

ものお金がかかると言っています。

そして、これも述べましたが、何にそんなにお金がかかるのかといえば、ポス

ターの印刷代とポスター貼りの人手にかかる人件費です。人によっては賄賂を配

るのにお金がかかるのかもしれませんが、それはまあ、ここでは除いておきます。

ポスターを何枚印刷するのかはわかりませんが、小選挙区でも数千枚ですから、

全国区なら数万から十数万、あるいは数十万枚も刷る人もいるかもしれません。

そして、それを貼る人の人件費がさらにまたかかるわけです。

でも、ネット選挙広報が解禁になれば、全国にポスターなど貼る必要がなくな

るでしょう。貼ってもいいでしょうが、ネットでの広報活動に比べると、著しく非効率と言えます。

しかも、選挙用のポスターというのは、ほとんど政策については書かれていません。あの小さなスペースのほとんどが顔写真ですから、政策を書くところなどありません。

書けるとしても、「TPP反対！」とか「教育行政を充実させます！」といったようなキャッチコピー程度です。人によっては「やる気満々です！」とか「若さで勝負！」とか、キャッチコピーにもなっていない独り言が書いてある場合もあります。そんなもので投票行動が決められてしまっては一大事です。

そんな意味のないものに、これまでは莫大なお金をかけてきたわけです。でも、ネット選挙広報解禁後は、ネットにデジタルの顔写真と政策、意見、考え方、公約などを掲げておけばそれで済みます。そうやって広報活動にかかるお金を大幅に減らすことができるはずです。

もともと、ネット選挙広報解禁を言い出した背景には、この「選挙にかかるお金を大幅に減らせる」ということがありました。もちろん、ネット好きな議員さんたちが推進しているという側面もあるでしょうが、法制化して解禁しようという動きになった背景には、自分たちの選挙にかかる費用を大幅に節約できるということがあったはずです。

そうでなければ、投票率が上がりかねないような政策を自民党がわざわざ推し進めるはずがありません。

自民党にとっては投票率が低ければ低いほど有利です。組織票がその分、活かされるからです。いわゆる浮動票層が大量に投票所に押し掛けてしまうと、その分、組織票のインパクトが薄れてしまいます。民主党が政権を取ったときの2009年の総選挙がそうでした。組織票を浮動票が破ったのです。

まあ、そのあとの民主党政権があまりにもひどかったので、選挙自体も否定されがちですが、そのときの民意が組織票に勝ったという意味では、非常に画期的な選挙だったと言えます。

このときの総選挙の投票率は小選挙区で69・28%。平成に入ってから8回あった総選挙のうち2番目に高い投票率でした（一番高かったのは、バブル経済真っ盛りの1990年の総選挙）。

基本的に組織票で成り立っている党は、投票率が上がることを嫌がります。自民党の某重鎮ははっきりと「投票日は雨が降ってくれた方がいい」などと発言しています。雨が降ると、投票率が下がるからです。

そんな自民党が、投票率が上がる可能性が高まるネット選挙広報の解禁を許したのには、二つの理由があると思います。

一つは、ネットのことがわかっていない人が多いということです。ネット選挙広報解禁によって投票率が上がるなんて思ってもいない人がたくさんいた可能性があります。

もう一つは、今述べた「かかるお金が格段に減らせる可能性がある」ということです。さすがに出費が減るとなれば、賛成する人も増えます。

投票率上昇による自らの立場の悪化にはあまりリアリティがないかもしれませんが、かかる経費が大幅に減るというのはかなりリアルに感じるはずです。

選挙にお金がかからなくなると、ライバル候補たちが出てきやすくなるのですが、そんなことよりも自分のお金のことの方がリアルに感じるのでしょう。

ネット選挙に反対しているのは元地方議員と二世議員たち

ネット選挙広報に反対する人もいます。私は、ネット親和性の低いお年寄りが主に反対していると思っていたのですが、実際は必ずしもお年寄りばかりではないようです。

国会議員というのは、主に3種類の人たちで構成されています。

一つは元官僚。ある種の天下りとも言えます。

二つ目は元県会議員。政治家の歩むコースとしては、市会議員→県会議員→国会議員と順々にランクアップしていくというのがあるのです。もちろん、どこかの党に所属して、党の中で出世していくイメージです。

三つ目は二世議員。これはわかりやすいでしょう。親の組織票をそのまま相続した人のことです。

私の知る限り、ネット選挙広報に反対している人は主にあとの二つ、つまり元県会議員と二世議員です。この中には、インターネットとの親和性が極端に低い人たちがいるのです。

私が経験した選挙活動の中でもそういう人がいました。私の秘書やボランティアで駆けつけたスタッフがパソコンを使って事務作業をしていたときのことです。その様子を見ていた地元スタッフの一人は、不機嫌そうな顔でこう言ったのです。

「忙しいときに、いつまでもゲームで遊んでいるんじゃない」

秘書や他のスタッフがゲームで遊んでいるわけがありません。そんな人は一人もいません。ただ普通にパソコンで事務仕事をしていただけです。

でも、彼には「パソコン＝ゲーム」と映ったわけです。そこまで無知なのかと本当に驚きました。

彼はおそらくパソコンというものに触ったこともないのでしょう。そうでなければ「パソコン＝ゲーム」などという発想になるはずがありません。

国会の中にもこういう人たちは結構いるのです。

根拠のないネガティブキャンペーンには名誉棄損で対応すればいい

「ネット選挙広報」に反対する理由の一つに、「対立候補のネガティブキャンペーンが激化する」というものがあります。ネット上に、対立候補の悪口をあることないこと、書きまくる人が出てくるのではないかという懸念のようです。

ですが、これはネット選挙に反対する論理としては非常に弱いと思います。なぜなら、他人の悪口を書き込むネガティブキャンペーンは、ネット選挙広報が解禁される以前からすでにあるからです。

すでにやられていることを持ち出してきて、「こうなるからよくない」と言うのは、論理として成り立っていません。

「ネット選挙広報」解禁前は、自分の宣伝をするのはダメでも、他人の悪口を書くのは特に禁止されていませんでした。ですから、対立候補の悪口をネット上に書き込んでいる人はたくさんいたのです。

友人でもある片山さつき議員など、ネット上でかなり叩かれているそうです。実際、虚偽の書き込みをされて困っているという話を聞きました。ネット解禁前でもやっている人はやっているわけです。

対立候補の政策について、きちんと反論しているのであれば、それはネガティブキャンペーンとは言いません。「TPP推進!」と言っている候補に対して、「TPP反対!」と書き込むのは、ネガティブキャンペーンとは言えません。

ネガティブキャンペーンというのは、誹謗《ひぼう》中傷のことを言うわけで、それはそもそも名誉棄損《きそん》ですから、現在の法律で取り締まることができるはずです。

だとすれば、「ネット選挙広報」解禁とネガティブキャンペーンの問題ではなく、ネット上の名誉棄損に対して、法律できちんと取り締まれるかどうかが問題なだけです。

名誉棄損に当たるような誹謗中傷をする書き込みが増える可能性はありますが、それに対して、きちんと取り締まれるかどうかという話であって、そこは「ネット選挙広報」を禁止する理由にはならないということです。

なりすましメールも現行の法律で対処すればいい

この原稿の執筆時点の2013年4月に、「ネット選挙広報」を解禁する公職選挙法改正案が衆参両院で可決されました。内容は、これまで禁じられていたホームページやツイッター、フェイスブックなどを利用した選挙活動を可能にするものになっています。

ただし、Eメールに関しては、とりあえず政党と候補者に限定して利用可能となっています。どうやら、迷惑メール（スパムメール）対策のようです。一般の人がスパムメールのように、特定の候補者を支持するメールを大量に送ってしまうとまずいということのようです。

とはいえ、将来的には「実施状況の検討を踏まえて」、一般の有権者も候補者を支持する内容のメールを送ることを解禁するかどうかについて、適切な措置を講じるとしています。一度、やってみて、大丈夫そうなら一般の有権者にも開放

ネット選挙解禁でできるようになること

（参考・「Yahoo!みんなの政治」等）

解禁される情報発信方法	ネットで選挙運動ができる人たち		
	候補者	政党	一般有権者
ウェブサイト	○	○	○
SNS	○	○	○
電子メール	△	△	×

※条件を満たせばOK

※送信先は事前に同意を得た一般有権者に限定

できるという、ちょっと運用の幅を持たせた内容になっているようです。

でも、政党や候補者だってどこかから手に入れた個人情報で、スパムメールまがいのものを送るかもしれませんし、そもそも支持を訴えるメールが送られてきたら、かえってうざったいですから、むしろ**メールでの選挙活動はマイナスになるかもしれません。**

そう考えると、メールでの選挙活動は、あまり得策とは言えないのではないでしょうか。

もっとも、これは逆にネガティブキャンペーンに使えるかもしれません。対立候補を名乗ってめちゃくちゃなことを書いたり、まともなことが書いてあっても、大量に送りつけることで有権者に嫌がられるように仕向けることができるようになるかもしれません。

ですが、これも現行の法律で対処できます。名誉棄損とか、威力業務妨害で取り締まればいいだけです。掲示板に爆破予告して逮捕されるのと同じレベルだと言えるでしょう。そういった行為はそもそも犯罪ですから、逮捕すればいいのです。

問題は法律の内容というよりも、現状でも違法とされるような行為が起こったときの取り締まりの方になりそうです。

メール陳情はこんなにメリットがある

現行法の幅がメール解禁にまで広がった場合、選挙だけでなく、政治家への陳情や請願の形も変わってくるかもしれません（通常、議員の紹介によって議会に提出されるものを「請願」、議員の紹介のないものを「陳情」と呼びます）。

今は国民が請願したい案件があった場合、書面を作って、その書類をわざわざ国会に提出するという形になっています。でも、請願というのは、別に紙が大事なのではなく、そこに書かれている内容が大事なわけです。今や世の中、ペーパーレスが叫ばれている時代。国会だけがそれに乗り遅れているというのも変な話です。

ですから、今後は「メール陳情」「メール請願」というものも普及していく可能性が高いでしょう。いや、早々に解禁して、普及させるべきと言えます。

首都圏の人なら、国会に足を運ぶのもそれほど苦ではないかもしれませんが、地方の人にとっては、移動だけでも大きなハードルです。もちろん、(本人でなく秘書であっても)アポイントを取って、会ってもらうだけでも大変でしょう。

その点、メール請願なら、長距離移動もアポイントも不要な上に環境にもやさしいのです。「それって、陳情書や請願書を郵便で送りつけるようなもので、政治家に取り上げられるためには、直接手渡す方がいいのではないか」と言う人がいるかもしれませんが、逆にすべてメール陳情、メール請願に限ってしまえば、その問題もありません。

直接手渡すのは禁止。すべてメール陳情、メール請願にするのです。

議員にとっても、無駄に時間を取られなくなりますし、自分の時間の都合で陳情や請願を読むことができますから、メリットも大きいでしょう。

当然ですが、陳情や請願についてはすべてオープンにすべきです。「この議員は何十件の陳情や請願を処理している」と誰でもわかるようにするのです。そういう意味では、一般的なメールというよりは、サイト上に送信して、誰でも見られるようにするイメージです。

細かな内容まではともかく、どういうタイトルの陳情や請願が来ていて、本人が見たのか見ていないのか、処理はどのようにしたのか、無視されたのか、何らかの動きはあったのか、ここまでは動いたが、ここで壁に当たって止まっているなどの様子がわかるようにすると、その議員の地元への働きぶりがわかります。

いい陳情をしているのにすべて無視していることがわかれば、次の選挙に影響してくることでしょう。大阪の市議が、陳情書をゴミ箱に捨てた様子を自らツイッターでアップしていたそうですが、そういうことも一目瞭然でわかるようになります。

当然ながら、スパムメールのような陳情や請願をすれば、「威力業務妨害」として取り締まりの対象となりますが、それは常識の範囲内というか、現在の法律でも取り締まれるあまりにも当たり前のことなので、問題ないでしょう。

陳情や請願をする側も、メールで簡単にできるからといって、なんでもかんでも陳情、請願するというのは困ります。やりすぎれば「スパム」です。そこさえ陳情・請願側がわきまえれば、議員にとっても、地元の人たちにとっても、大きなメリットがあるメール陳情、メール請願。十分、一考に値すると思います。

「ネット選挙広報」の次は「携帯投票」を実現すべきだ

さて、ここまでは「ネット選挙」という名の「ネット選挙広報」について述べてきました。

しかし、これは私が考える「ネット選挙」の第一段階にすぎません。その先に第二段階があります。

実はこの第二段階の方が重要です。**「ネット選挙」の第二段階とは、文字通り「ネットで選挙をすること」**です。

つまり、ネットを使って有権者が投票するわけです。投票所で投票する代わりに、ネットで投票するということです。

このインパクトは、今回の「ネット選挙広報」解禁の比ではありません。投票率も飛躍的に伸びるはずです。

具体的に言いましょう。

まず、**投票できるハードを携帯電話に限定します。**ただし、個人契約の携帯電話だけです。法人契約のものは使えません。

複数の携帯電話を持っている人は、事前にどれか一つを選んで登録します。一つ登録したら、それ以上はできません。

さらに、NTTドコモ、au、ソフトバンクの**大手携帯電話キャリア3社に限定します。**なぜかというと、この3社のセキュリティは十分に信頼できるものだからです。

携帯電話の情報はデジタル化されており、しかもその通信は各キャリア内でクローズドなので、不正に操作される恐れはかなり低いのです。

それでも、携帯電話機自体を落としてしまったり、盗まれてしまったり、ちょっと貸している間にいじられたりすることなどによって、不正に投票される可能性もあります。その対策としては、パソコンのメールアドレスなどに確認のメールを送るといった方法で防ぐことができます。

もし、メールの確認もできないような状況になって、本人が知らないうちに誰かが携帯電話から投票をしてしまったとしても、本人が投票しようとしたときに「すでに投票されています」という知らせが来るのでわかります。誰かが勝手に投票したとわかりますから、その投票分を無効にして、厳重な本人確認をした上で（最初の投票の段階で厳重な本人確認をするというのでもいいと思いますが）、再投票できるようにすればいいでしょう。

「携帯電話を持っていない人もいるし、PHSを使っている人もいるが、そういう人はどうすればいいのか」

と思う人もいるかもしれませんが、これは従来の方法と併用すればいいだけです。そういう人は投票所に行って投票するのです。

携帯電話から投票した人が投票所でも投票して、二重投票できてしまうのではないかという心配もあるかもしれませんが、これは簡単に回避できます。

まもなく国民総背番号制になるでしょうから、携帯電話であろうと、投票所であろうと、その番号を入力して投票するようにすればいいのです。投票が済んでいる番号をもう一度入れたら、エラーになります。それで、すでに投票していることがわかるのです。

国民総背番号でなくても、現状でもすでに選挙人名簿には個人を特定できる番号がありますから、それを使ってもいいでしょう。

仮に不正を働く人が現れたとしても、この方法だと携帯電話キャリアのシステム自体が乗っ取られない限り、一票ずつ不正を働くしかありません。現在、堂々とやられている病院や介護施設などの票の取りまとめ、もしくは会社などによる組織票の強要に比べれば大きな問題ではないと言えるかもしれません。

ただし、投票内容の秘密を守るシステムは構築しなければならないでしょう。他人の投票内容を見たら厳罰に処せられるようにしないといけなくなるかもしれません。会社の社長が社員に「今すぐ、俺の目の前で○○議員に投票しろ」と強制するかもしれないからです。

もちろん、携帯電話に投票内容の履歴が残らないようにする必要もあります（投票が済んだか、まだしていないかはわかるようにした方がいいですが）。あとで、社長に携帯電話を見られて「○○議員に投票してないじゃないか」などと言われないようにするためです。

個人の投票に関わる秘密の確保は選挙の基本中の基本ですから、それを犯す行為には重い罰則を科さなければなりません。

もっとも、これは「ネット選挙（投票）」うんぬん以前の問題で、現在の制度でももっと罰則を重くすべきだと考えます。

「ネット国民投票」が開く直接民主制への道

日本の将来や国民全体に大きな影響を及ぼす事案については、携帯電話による「ネット国民投票」を実施して、国民の判断を仰ぐ。

「ネット国民投票」は、バーチャルな「国民議会」と位置づけられるものになる。事実上、三権のうちの立法を担うことになり、国会議員による国会は、「国民議会」の一機関となる。参議院は廃止。

将来的にはネット投票による総理大臣公選制（=大統領制）を導入することも可能に。ただし、「総理大臣選挙立候補資格試験」を実施して、受かった人しか総理大臣に立候補できないようにする。

バーチャル「国民議会」が実現すれば、衆議院が解散する必要がなくなる。内閣は国民投票によって選ばれたので、衆議院には不信任を決議する権利はもうない。

日本の将来に大きな影響を及ぼす重要事案は「携帯国民投票」で決めればよい

携帯電話で投票ができるようになると、その他、さまざまな可能性が広がります。これまでにはあり得なかったような民主主義の可能性が広がると言ってもいいかもしれません。

どういうことかというと、古代ローマ時代に人類が手放し、ほぼあきらめかけていた「**直接民主制**」**への道が開ける**のです。

何らかの重要な法案なり、国際関係なりがあって、国民全体の判断を仰いだ方がいいという事案については、携帯電話を使った「ネット選挙（投票）」を利用して、国民全員の判断を仰ぐことができるようになるのです。

これはまさに古代以来の直接民主制の復活です。

現在、国会で審議されているすべての法案について、直接民主制に移行することも不可能ではないですが、それでは国民の負担が大きすぎるでしょう。すべてではなく、例えば増税の是非を問うなど、**日本の将来に非常に大きな影響を及ぼすであろう事案、あるいは国民全体に大きな影響を及ぼす事案については、携帯電話による「ネット国民投票」を実施して、国民の判断を仰ぐという形にすればいいでしょう。**

「国民の負担が増えて大変ではないか」と思う人もいるかもしれません。そういう人は、委任状を出して、採決は棄権すればいいだけです。

とはいえ、先ほど述べたように、増税やTPP参加の是非のようなレベルの、本当に大きな事案だけを「国民議会」に諮《はか》るわけですから、年に何件もあるわけではありません。

イメージとしては、現在の憲法改正時の国民投票のようなものを、携帯電話で簡単にできるようにするということです。

実は、技術的にはすぐにでも可能です。このシステムの試作は、すでに私の会社で開発済みで、この本が発売される頃にはプレスリリースされているはずです。

この携帯電話による「ネット国民投票」は、バーチャルな「国民議会」と位置づけられるものにもなり得るでしょう。

直接民主制としての「国民議会」が、事実上、三権のうちの立法を担います。国会議員による国会は、「国民議会」の一機関となります。ここまでいけば、参議院は廃止してもいいかもしれません。

この国民議会が機能するようになれば、**総理大臣公選制（＝大統領制）を導入することも可能になる**でしょう。憲法改正が必要になりますが、総理大臣を国民が投票で選べるとなれば、多くの国民は賛成するのではないでしょうか。

総理大臣が国民投票で選ばれるようになって初めて、日本は三権分立が確立した国になれます。現在の議院内閣制は、内閣を国会議員の中から選ぶというシステムですから、三権が分立していません。

本当は総理大臣になりたい国会議員がいたら、まず国会議員を辞めてから総理大臣に立候補するというシステムにすべきなのです。もちろん、国会議員でない人が立候補してもかまいません。

他の大臣も本来は国会議員ではない人から選ぶべきですが、百歩譲って、大臣になるときに国会議員を辞めるというのでもいいでしょう。

国会議員のまま、内閣で大臣をやっているというのがおかしいわけです。それでは、行政府の独立は守れません。

もちろん他の大臣の選出も、現在のように総理大臣が決めるのではなく、国民投票で決める方がいいでしょう。

こうすると、参議院全国区の選挙と同様、タレントやスポーツ選手のような、テレビに出ていて全国的に知名度の高い人が総理大臣に当選しやすくなるという問題が起こるでしょう。

そこで、総理大臣もまずは資格試験に受かった人しか立候補できないようにすればいいでしょう。**「総理大臣選挙立候補資格試験」を実施して、受かった人だけが立候補でき（点数は非公開でいいと思いますが）、その中から国民がネット投票で選びます。**

政治に民意が反映され、三権分立が本当の意味で実現する、バーチャルな「国民議会」の制度は非常に有効に機能するはずです。

ネット投票で衆議院の解散はいらなくなる

ネット投票によるバーチャル「国民議会」ができると、衆議院の解散は必要なくなります。

衆議院の解散というのは、「国民に信を問う」のが大義名分です。ですが、「国民議会」でネット投票すれば、国民に信を問うことができてしまうのです。

選挙にはお金がかかります。おそらく、憲法改正の是非を問う国民投票も、相当なお金がかかるはずです。ですが、「国民議会」のネット投票はシステムさえ一度作ってしまえば、あとはあまりお金がかかりません。

選挙の回数が減って、お金がかからなくなりますから、現職の議員さんたちにとってもメリットは大きいのではないでしょうか。

「それでは、衆議院の持つ内閣不信任決議とのバランスがとれなくなるのではないか」

という意見が出るかもしれません。それはおっしゃる通りです。

衆議院に内閣不信任を決議する権利はなくなります。なぜなら、議院内閣制ではなくなって、内閣も国民が選ぶことになるからです。

現在は、国会が選んだから国会に内閣不信任を決議する権利があるわけで、国民投票によって選ばれた内閣に対して不信任を決議する権利は国会にはありません。

いずれにしても、政局の混乱も減り、選挙による出費も減りますから、いいことづくめのはずです。

Section 5

アベノミクスとTPP参加後の世界はこうなる!

アベノミクスは経済学上あり得ない事態を生む

この章では、私の提唱する新たな選挙制度によって、どのような社会を実現すべきかという話を述べていきたいと思います。

今後を語る前に、まずは現在の日本の置かれている状況について見ていくことにしましょう。まずは、経済についてです。

2012年末の総選挙によって自民党政権が復活し、安倍晋三氏が二度目の首相に就任することになりました。安倍首相は特に経済に力を入れるとして、これまでになかったような経済政策を打ち出しています。

「アベノミクス」などと呼ばれる経済政策が目指しているのは、景気回復、もう少し具体的にいえば、デフレからの脱却です。

日本は何年もデフレ経済が続いてきました。物価が上がらず、賃金が上がらないため、消費が低迷し、世の中にお金が回らない状態が続いてきました。

このデフレ状態から脱却するために、2％のインフレターゲットを設けて、日銀による資金供給量を大幅に増やすなどの手を打っていこうというものです。

そのため70円台から100円台に移行する急激な円安により、日本株は欧米の投資家にとっての投機株となりました。これにより一時的に株価は急上昇に転じ、その後、一気に落ちるなど乱高下を続けています。この原稿の執筆時である2013年5月現在もその傾向は変わっていません。

さて、この現状と今後の展望を見ていく前に、「デフレ」「インフレ」という言葉について、簡単に解説しておきましょう。

と、書いておきながら何なのですが、実は「簡単に」解説するのはなかなか難しいものがあります。言葉の定義が人によって違って使われることが多いからです。

「デフレ（デフレーション）」「インフレ（インフレーション）」とは、マクロ経済で使われる言葉です。もともとは、世の中に流通している通貨の量（マネーサプライ）が増えているか減っているかを表す指標でした。マネーサプライが増えている状態をインフレ（マネタリー・インフレーション）、減っている状態をデフレと呼んだわけです。

マネーサプライが増えると、現象としていろいろなことが起こりました。例えば、貨幣価値が下がりますから、物価が上がります。物価の上昇がインフレ率の指標としてわかりやすく、便利だったので、やがて物価の上昇のことをインフレと呼ぶようになりました（プライス・インフレーション）。

アベノミクスが目指す「2％のインフレターゲット」も、このプライス・インフレーションです。物価を2％上げるような経済政策をどんどん打っていきましょうというものです。

アベノミクスの設計図は次の通りです。ただし、あくまでもすべてが理想的に運んだ場合の話です。

物価を2％程度上げると、消費者には大きな負担を強いない状態で、各企業の業績が2％程度上昇すると主張されています。すると、企業の業績良化によって、従業員の賃金が上がるという主張です。

賃金が上昇すれば、消費が増えます。消費が増えれば、さらに企業の業績が良化します。企業はさらなる業績良化への期待から設備投資を増やします。

企業の設備投資が増えれば、設備投資の多くは借金なので、マネーサプライが増えます。マネーサプライが増えれば、さらなるインフレが起こり、また企業の業績がよくなり、従業員の賃金も上がるという好循環に入っていくことができるというのが彼らの主張です。

すべての条件がアベノミクスに対してプラスに働いて、シナリオ通りに事が運べば、この通りになるかもしれません。ですが、はたしてそううまくいくでしょうか。私は大きな懸念を持っています。

まずは、「インフレになれば賃金が上がる」というのは、マクロ経済とミクロ経済のからくりが理解されていなかった時代の計算です。安倍首相が経済界に「賃金を上げてくれ」と呼びかけたことで、いくつかの大手企業がそれに応じるように賃上げを発表しました。しかし、こういうのは経済とは言いません。

しかも、これは大企業の中のほんの一部にすぎません。

そもそも、首相が企業に対して「賃金を上げてくれ」などと言うこと自体が異常です。そうでもしないとなかなか上がらないことの証明でもあるでしょう。

法改正でもして、賃金を上げない会社は罰則を設けるとか、賃金を上げたら税を優遇するとか、そうした強制的な方法でもとらない限り、長く苦しい不況を現実のものとして知ってしまった世の中の企業が、そう簡単に賃金を大きく上げるとは考えにくいと思います。企業は内部留保《りゅうほ》を削ってまで、従業員の賃金を上げたりはしないでしょう。

絶対に右肩上がりが続くとなれば別ですが、バブル崩壊以降、そんなことはないと企業が知ってしまった以上、難しいと思います。

そうすると、どうなるでしょうか。

マネーサプライが増えますから、貨幣の価値は下がります。貨幣の価値が下がれば、モノの価格は上がります。

さらに、円安になりますから、電気代や原材料費が上がります。エネルギーと原材料を輸入に頼っている日本は、この影響はとてつもないものがあります。

「やったぞ。モノの価格が上がってインフレになったから、目標達成だ」

政府自民党と霞が関の人たちはそう言うかもしれませんが、はたしてこれでいいのでしょうか。

デフレ脱却のゴールは、「物価上昇2％」ではないはずです。国民全体の賃金が上がって、失業率が大幅に下がって、多くの人の生活が楽になることでしょう。

ところが、モノの値段は上がるものの、賃金は上がりません。企業が積極的に設備投資をしたり、新規事業へと拡大していけば失業率も下がるかもしれませんが、そうした動きは今のところほとんど見られません。

そもそも、消費税が8%、10%と上がっていきますから、それだけで事実上、物価は2%以上上がることになります。

実はこの消費税の増税はかなり深刻でしょう。アベノミクスの売りの一つである「2%のインフレターゲット」は、「ゆるやかな物価上昇だから、国民の消費マインドは下がらないだろう」という読みのもとで設定されたものです。

でも、消費税増税で2%どころか、さらに3%、5%と価格が上昇すれば、消費マインドが下がらないはずがありません。国民の財布の紐はぐっと堅くなるでしょう。

つまり、「プライス・インフレーション」が起きても、景気は良くなりません。これを「スタグフレーション」といいます。

一方、マネーサプライをいくら増やしても、現在すべてのお金は利回りのいい方に流れます。それは企業への貸し出しではなく、金融派生商品(デリバティブ）への資金流入となるからです。

つまり、マネーサプライを増やしても実経済のデフレは続くわけです。すると、お金の量は多いはずなのに、世の中にお金が回らないという状態になります。

お金の循環が鈍るのは、明らかに「デフレ」の特徴です。でも、「マネタリー・インフレーション」も「プライス・インフレーション」も起こっています。デフレ下のスタグフレーションというこれまであり得なかったことがアベノミクスで起こる可能性が高いのです。

これは最悪です。**給料は上がらず、預貯金の価値は目減りし、しかもモノの価格は上がり、消費税も上がる。国民の生活はとても苦しくなるでしょう。**

現在、金融商品の多くはレバレッジがかかっていて、実際のお金の何十倍もの仮想マネーで売り買いされています。増やしたマネーサプライはすべて世界で4京円とも5京円とも言われている金融市場に行ってしまうということです。

蛇口をひねって水を増やしても、すぐに大海に流れていって、海水の一部となってしまうイメージです。

マネーサプライは増えているはずなのに、企業への貸し付けや設備投資に回りませんから、景気は回復しません。**そうなると、当然、給料も上がりませんし、**

雇用も増えません。

これは非常に不思議な現象と言えます。「マネタリー・インフレーション」が定義上は起こっていることになりますが、同時にデフレ不況から脱却できない状態が続くということですから、「インフレ」と「デフレ」が同時に起こっているということになります。

これまでの経済学の常識ではあり得ない事態です。あり得ないというよりも、「インフレ」の反対が「デフレ」ですから、そもそも定義として成り立たないのです。ある数字を持ってきて、「+1」でもあり、「-1」でもある数なんてあるはずがありません。

今、私が書いた「『インフレ』と『デフレ』が同時に起こっている」などということを高校の「政治・経済」や大学の「経済学」の試験で書こうものなら、先生が頭を抱えながらやってきて、「もう一度、経済の勉強を一からやり直しなさい」と言われるくらいあり得ないことです。もちろん、こんなことを書いたら、その解答は零点でしょう。

でも、現実としては、かつての経済学の定義上あり得ない現象が起こってしまう可能性が高いのです。

インフレ理論が作られたイギリスでは、通貨はポンドのみで為替の概念がありませんでした。しかし現在の日本ではマネーストック不足のデフレと円安による為替インフレが同時に起きているので、古い経済学の枠を超えた現実となっているのです。

いずれにしても、国民が苦しい生活を強いられることに変わりはありません。

TPPはアメリカが一人勝ちで儲かる仕組み

「でも、株価は確実に上昇しているし、それにつれて景気がよくなるはずなので、デフレから脱出できるのではないか」

そんなふうに思う人もいるかもしれません。

この原稿執筆時の2013年5月の段階では、確かに株価は上昇傾向にあります。２０１２年12月の選挙で自民党が圧勝したあたりから、株価は上昇を続けています。まだまだ上がりそうだという期待感もあるようです。

しかし、私の見方はちょっと違います。

現在の株価高は円安により、外資が割安になった日本株を大量に購入しているからです。日本企業を外資の傘下に入れるのは、もともとＴＰＰのシナリオ通りです。

さらに**日本がＴＰＰに参加することへの期待感がアメリカで高まり、アメリカの株価が上昇している**という要因もあります。アメリカから見て日本という市場が開かれ、日本で大きな商売ができそうだ（＝ＴＰＰでアメリカが大儲けして、アメリカの景気回復が実現できそうだ）という期待感によってアメリカの株価が上昇し、それに引きずられる形で日本の株価も上昇しているのです。

これは常識の範疇になるかと思いますが、日本の株価はアメリカの株価に強く影響を受けます。アメリカで株価が下がると、その直後、日本の株価も下がり、アメリカで株価が上がると、直後に日本の株価も上がるという傾向にあるのです。

しかし、アメリカが景気回復するとはとても思えません。アメリカは産業を捨て去り、マネーゲームでお金を稼ぐ国になってしまったからです。産業を捨てた国は二度と立ち上がれません。

仕事を辞めて、得意の博打《ばくち》で金を稼ぎ、生活に困ると子分たちに無理やりモノを売りつけて急場をしのぐような人が、はたしてまともに稼げるようになるでしょうか。私は無理だと思います。

ところで、日本がＴＰＰに参加すると、なぜアメリカが儲かるのでしょうか。「自由貿易になるのだから、日本からの輸出も増えて対等ではないか」と思う人もいることでしょう。

しかし、ＴＰＰというのはアメリカが一人勝ちで儲かる仕組みなのです。日本がＴＰＰに正式に参加することになれば、あらゆる業界にアメリカからの外資が入ってきます。

「あらゆる業界といっても、特例がいくつかあるはずだ」と思われるかもしれません。確かに、いくつかは特例として除外される業界があるかもしれません。

一部の国ではそれも認めないと言っているようですが、いずれにしても、特例となるような業界はもともとアメリカ側が大して儲からないと踏んでいるか、それ以上に儲かる業界があるので、仕方なくバーター取引してトータルでプラスになればいいと踏んでいるかのどちらかです。

特に医療保険の分野はおそらく堰《せき》を切ったように外資が流れ込んできます。ここがアメリカにとってのＴＰＰの本丸です。

混合診療の拡大を促し、健康保険適用外の医療の幅を増やすことによって、任意の医療保険のニーズを喚起してきます。「この保険に入っておかないと、この病気になったとき、自己負担になりますよ」と言って、保険に加入させるわけです。

それだけではありません。アメリカは、行政サービスの民営化や法務サービスの開放を求めてきます。公共の図書館をＴＳＵＴＡＹＡに任せる自治体が現れて話題となりましたが、図書館に限らず、さまざまな行政サービスが民営化され、外資が入ってくるようになります。また、外資系の弁護士事務所も増えることでしょう。

放送局の外資制限などもできなくなります。例えばですが、日本のテレビ局がアメリカの投資会社に買われてしまうということもあり得ます。

そうなったとき、仮に日本とアメリカとで国益を争うような問題が起こった場合、その放送局がはたして中立、あるいは日本側の立場に立った報道をするでしょうか。おそらく、難しいでしょう。

あるいは、病院の株式会社化が実現されるでしょう。株式会社の目的は、株主利益の最大化ですから、**患者の利益よりも株主の利益、つまり儲かる診療ばかりをやる病院が増えることになります。**これを規制しようとすれば、TPP違反として訴えられ、多額の損害賠償を払わされることになるのです。

とにかく、あらゆる業界、特にこれまで規制によって競争から守られてきたような業界に外資が雪崩《なだれ》のように押し寄せてくるでしょう。いままで競争もなく、過保護に育ってきたような日本企業が、百戦錬磨の外資系企業に太刀打ちできるとはとても思えません。

こうして、至る所で日本企業のような顔をした外資系企業が生まれ、日本人が働いたお金は日本ではなく、アメリカに流れていく仕組みができあがるのです。

これはすでに韓国で起きたことです。

もし日本がTPPに参加したら、あっという間に――おそらく2、3年以内に――日本の多くの業界で激変が起こることでしょう。既存の企業は次々と買収され、消費者にとってのサービスは著しく低下し、すべて短期的な株主利益優先の経済活動が行われることになるでしょう。

この原稿執筆時の2013年5月、日本のTPPへの交渉参加が正式に認められてしまいました。またこれを受けてさっそくアメリカ政府は、ＴＰＰを利用してすでに述べたこと以外に日本に何を要求すべきか、公募を開始しました。

しかし、まだやめることも可能です。ＴＰＰには絶対に参加させてはいけません。

２０１３年７月の参議院議員選挙では、ＴＰＰ問題が重要な争点となるべきです。２０１２年12月の衆議院議員選挙で圧勝した自民党がその勢いを持続しようと、自分たちにとってマイナスとなりそうな争点をぼやけさせようとするでしょうが、ここは日本国民として賢い投票行動をとらなければなりません。

次の選挙は、日本の今後の行く末を決める、とても大事な選挙になるでしょう。ＴＰＰの問題だけではありません。憲法改正、道州制、増税、雇用、福祉などなど、さまざまな問題の方向性を決める選挙になることでしょう。

現在の日本で、国民が政治に参加し、意思を主張して、主権者としての権利を行使する方法は「選挙」しかありません。国民にとって事実上の唯一の権利行使手段である「選挙」の重要性をもう一度、再認識してほしいと思うのです。

本格的な政界再編が起こる

おそらく2013年の選挙、あるいはその次（1年以内ぐらいに予想される衆議院の解散がなければ、3年後の参議院の半数改選時）あたりで、大きな政界再選が起こると思われます。

自民党は、いくつかの少数政党を吸収合併して、さらに大きくなることでしょう。民主党は、事実上、分裂状態になり、下手をすると自然消滅していく可能性もあります。生き残ったとしても、かつての政権与党のときの勢いは見る影もないという状態になるはずです。

社民党、共産党はよりいっそう、存在感が薄まることでしょう。公明党は他党と少し性格が異なるので、現状のまま、自民党と連携しながら活動を続けていくでしょう。

注目は、一大勢力となりつつあった日本維新の会ですが、橋下徹氏の失言もあり、失速中です。私はおそらく、早晩、多くの野党議員は自民党と合流するのではないかと見ています。もちろん、全員とは言いませんが、多くが「勝ち馬に乗ろう」とするのではないかと思っています。

あとの小さな政党は、生き残るためにはどうしても他党との連携を模索せざるを得ません。比例区では特に、一つの党として得票を合計した方が有利になります。

ただし、小さな党が寄り集まっても、自民党を脅かすような存在にはなり得ないでしょう。

ほんの数年前、「二大政党制」になりかけた日本の政局ですが、民主党が自滅し、事実上、崩壊してしまった現在、「一大政党制」になりつつあるのです。

これは非常に危険な状態です。世の中に自民党とその取り巻きの党しかないのと同じことになってしまいます。反対する政党があっても、議席数があまりに違うので、何の力も持てません。

一党独裁といえば、まさに戦前・戦中の大政翼賛会《たいせいよくさんかい》です。大政翼賛会による一党独裁がどのような結末をもたらしたかは、今さら言うまでもないでしょう。

今のままでは、そうなってしまう可能性が高いのです。こうした事態は何としても防がなければなりません。これは国民の力で、選挙によって防ぐしかありません。

まだ間に合います。みなさんが候補者の政策をよくよく吟味して、選挙に行って、投票すればいいのです。

今後の苫米地プラン

そうはいっても、「投票する人がいない」「投票する党がない」と思う人も多いかもしれません。

「一大政党制」に近づいてしまった今、自民党の暴走を抑止する役割を担えるだけの政党がないというのも事実です。

しかし、現国会議員の中にも、現状に危機感を覚えている人たちがいます。もちろん、現状に危機感を覚えていて、日本を何とかいい方向に変えていくためにこれから政治の世界に飛び込んでいこうと考えている人たちもいます。

もし私が、そういう人たちのための受け皿を作ることができて、現在の一党独裁状況に風穴《かざあな》を開けることができるとしたら、私はそのための尽力を惜しまないつもりです。

もう「党」という枠組みを超えた「連携」で十分なのかもしれません。「党」という縛りを設けてしまうと、どうしても「党による拘束」とか「党利党略」とか、個人の考え方を押し殺してしまう方向に進みかねません。

細かな政策はバラバラでもいいので、大きなテーマが一致するなら「選挙組合」的なゆるやかな連合体を作りたいと思っています。そのための準備も着々と進めています。

まだ具体的には何も決まっていませんが、私の気持ちとしては、こうした新たな政界の枠組みのもとで、また選挙にチャレンジしたいと思っています。

「勝算はあるのか」と問われれば「わかりません」としか言えませんが、前回の選挙に出てみてよくわかったのは、選挙活動をするということ自体に意味があるということです。本書の前半でも書きましたが、選挙カーは無敵ですし、そのようにいろいろな規制やしがらみを取り払って、堂々と自分の考えを述べ、その考えを多くの人に聞いてもらえる機会というのは、そうそうありません。

選挙活動をすることによって、多くの人たちに私の考えが伝わり、多くの人たちが正しい判断をするためのヒントを提供できるのです。

幸いなことに、「ネット選挙（広報）」が解禁になり、あちこちにポスターを貼ったり、あちこちで街頭演説をしたりしなくても、ネット上で考えや政策を述べることができるようになりそうです。

ネット上で動画を使って、バーチャル街頭演説をしてもいいでしょうし、ネット上での公開討論会をしてもいいでしょう。ついに、選挙活動も新たな時代に入ることになります。

しかし、どんなメディアが解禁されようと、最終的に判断し、投票という行動に出るのは、一人一人の有権者のみなさんです。みなさんが正しい判断をされない限り、正しい政治は実現されません。

政治家たちも、有権者のみなさんの厳しい目にさらされることで、きちんとした正しい政治をしようという意識が高まるはずです。

本書のテーマでもある「一部の利権者から日本という国を取り戻す」ために、

私もみなさんと一緒にできる限りのことをやっていきたいと思っています。

あとがき

2013年7月の参議院議員選挙から、いわゆる「ネット選挙」が解禁されることになりました。詳しくは本文で述べた通りですが、2012年12月の衆議院議員選挙を経験した私は、「アナログ選挙」の最後を見届けたということになるのでしょう。

これも本文で書いたように、今回の「ネット選挙解禁」は、単にネットでの広報活動ができるようになったにすぎません。私が考える「ネット選挙」とは程遠いものと言えます。

とはいえ、日本が正しい民主主義を取り戻すための第一歩を踏み出したのも事実です。まだまだ二歩目、三歩目があるのですが、とりあえず足を一歩前に踏み出したという意味では大きな出来事だと思います。

２０１３年7月の選挙では間に合いませんが、その次、衆議院の解散がなければ3年後（２０１６年）の参議院選挙では、ＮＴＴドコモ、ａｕ、ソフトバンクの3キャリアの携帯電話を使って、インターネットを利用した投票を実現させてほしいと思っています。

この投票システムを導入すれば、投票率は確実に上がります。現状の選挙では、雨が降ると投票率が下がると言われていますが、携帯電話を使った選挙になればそんなことはなくなります。天候に左右されず、いつでもどこでも投票ができるようになります。

利権選挙をやり続けてきた古い世代の人たちは、組織票の割合が下がるので嫌がるかもしれませんが、組織票の力が減るということ自体が、国民の多くの意見が反映されるよりよい民主主義になるということですから、非常によいことだと思います。組織票が弱まるということが正しい民主主義だということを、多くの有権者のみなさんに認識してほしいと思います。

3年後の選挙で、携帯電話によるネット投票ができるようになったら、次のステップはインターネット上に「国民議会」を作ることになります。この「国民議会」によって、インターネット時代の新たな直接民主制が始まります。

かつての貴族院――現在はその流れを汲む参議院――がやるべき、天下国家を論じる問題については、すべてインターネット上の「国民議会」に任せることができるのではないでしょうか。

「すべて」と言っても何もかもを「国民議会」で決めるのではなく、日々通過している法案は国会議員に任せ、国の方向性を決めるような重要案件を国民による直接民主制で決めるようにします。その基準は今後、精査していく必要がありますが、例えばTPPへの参加、増税、原発の再稼働、改憲、自衛隊の海外派遣、領土問題などは明らかに「国民議会」に諮るべき案件と言えます。

本来、国民による直接民主制が主であり、それができないときの窮余の策が代議員制度なわけですから、重要案件については「国民議会」による国民投票で決めるべきでしょう。

本書が出る頃にはすでに明らかになっていると思いますが、私の会社ではネット投票ができるシステムを試作し、それを利用してネット上で選挙の候補者を選ぶという選挙活動が可能なことを実証する段階まで開発も終わっています。これは日本の選挙そのものがインターネット上でできることを意味します。
あとは国民のみなさんが「やろう」と声を挙げるだけです。日本という国を私たち国民の手に取り戻すために、本当の意味での「ネット選挙」を実現させようではありませんか。

苫米地英人

著 者 略 歴　**苫米地英人**（とまべちひでと）

1959年、東京生まれ。認知科学者（機能脳科学、計算言語学、認知心理学、分析哲学）。計算機科学者（計算機科学、離散数理、人工知能）。カーネギーメロン大学博士（Ph.D.）、同CyLab兼任フェロー、株式会社ドクター苫米地ワークス代表、コグニティブリサーチラボ株式会社CEO、角川春樹事務所顧問、中国南開大学客座教授、苫米地国際食糧支援機構代表理事、米国公益法人The Better World Foundation日本代表、米国教育機関TPIジャパン日本代表、天台宗ハワイ別院国際部長。マサチューセッツ大学を経て上智大学外国語学部英語学科卒業後、三菱地所へ入社。２年間の勤務を経て、フルブライト留学生としてイエール大学大学院に留学、人工知能の父と呼ばれるロジャー・シャンクに学ぶ。同認知科学研究所、同人工知能研究所を経て、コンピュータ科学の分野で世界最高峰と呼ばれるカーネギーメロン大学大学院哲学科計算言語学研究科に転入。全米で４人目、日本人としては初の計算言語学の博士号を取得。帰国後、徳島大学助教授、ジャストシステム基礎研究所所長、同ピッツバーグ研究所取締役、ジャストシステム基礎研究所・ハーバード大学医学部マサチューセッツ総合病院NMRセンター合同プロジェクト日本側代表研究者として、日本初の脳機能研究プロジェクトを立ち上げる。通商産業省情報処理振興審議会専門委員なども歴任。現在は自己啓発の世界的権威、故ルー・タイス氏の顧問メンバーとして、米国認知科学の研究成果を盛り込んだ能力開発プログラム「PX2」「TPIE」などを日本向けにアレンジ。日本における総責任者として普及に努めている。著書に『洗脳広告代理店 電通』『日本買収計画』『すべての仕事がやりたいことに変わる 成功をつかむ脳機能メソッド40』『税金洗脳が解ければあなたは必ず成功する！』（すべて小社刊）、『まずは「信じる」ことをやめなさい』（アース・スターエンタテイメント）、『原発洗脳 アメリカに支配される日本の原子力』（日本文芸社）など多数。TOKYO MXで放送中の「ニッポン・ダンディ」（21時～）で木曜レギュラーコメンテーターを務める。

ドクター苫米地公式サイト	http://www.hidetotomabechi.com
ドクター苫米地ブログ	http://www.tomabechi.jp/
Twitter	http://twitter.com/drtomabechi（@DrTomabechi）
PX2については	http://www.bwfjapan.or.jp/
TPIEについては	http://tpijapan.co.jp/
携帯公式サイト	http://dr-tomabechi.jp/

「真のネット選挙」が国家洗脳を解く！

2013年6月27日　初版第1刷発行

著　　者　苫米地英人
発 行 者　揖斐 憲
発 行 所　株式会社 サイゾー
〒150-0043　東京都渋谷区道玄坂1丁目22-7　6F
電話　03-5784-0790（代表）

ブックデザイン　轡田昭彦
本文・DTP　上野秀司
編集制作　高橋聖貴
編集協力　木村俊太

印刷・製本　凸版印刷株式会社

ISBN 978-4-904209-28-8